U0330743

轨道交通工程建造关键技术丛书

装配式铺盖法地铁车站

建造关键技术

孔　恒　袁大军　王文正　乔国刚　著

中国建筑工业出版社

图书在版编目（CIP）数据

装配式铺盖法地铁车站建造关键技术/孔恒等著
. —北京：中国建筑工业出版社，2022.6
（轨道交通工程建造关键技术丛书）
ISBN 978-7-112-27399-7

Ⅰ.①装⋯ Ⅱ.①孔⋯ Ⅲ.①地下铁道车站-工程施
工-研究 Ⅳ.①U231.4

中国版本图书馆 CIP 数据核字（2022）第 085919 号

责任编辑：刘颖超
责任校对：姜小莲

轨道交通工程建造关键技术丛书

装配式铺盖法地铁车站建造关键技术

孔　恒　袁大军　王文正　乔国刚　著

*

中国建筑工业出版社出版、发行（北京海淀三里河路9号）
各地新华书店、建筑书店经销
北京科地亚盟排版公司制版
河北鹏润印刷有限公司印刷

*

开本：787毫米×1092毫米　1/16　印张：9　字数：214千字
2022年8月第一版　　2022年8月第一次印刷
定价：**45.00**元
ISBN 978-7-112-27399-7
（38946）

作者简介

孔恒　1965 年出生，安徽亳州人，博士（后），教授级高级工程师。住房和城乡建设部科学技术委员会市政交通组专家，全国一级建造师市政公用工程考试大纲与考试用书编写组组长，北京市"有突出贡献的科学、技术、管理人才"，入选"中国地铁 60 年人和事""管廊建设杰出贡献人物""中国盾构党员先锋谱"，其事迹在北京卫视《为你喝彩》专题播放。获省部级科技进步奖一等奖 3 项，二等奖 8 项，三等奖 9 项。获得发明专利授权 30 余项，出版专著 3 部，主参编书籍 8 部，主参编标准 30 余部，发表论文 80 余篇。

袁大军　1961 年出生，北京交通大学教授、博士生导师，国家"973"计划"高水压越江海长大盾构隧道工程安全的基础研究"项目首席科学家。主要从事地铁盾构隧道、越江海盾构隧道、盾构及 TBM 与土岩相互作用，开挖面稳定理论及控制等领域研究。研究成果获得省部级科技进步奖 6 项。获得国家发明专利授权 27 项，撰写专著 3 部，翻译著作 1 部，发表论文 100 余篇。担任中国岩石力学与工程学会水下隧道工程技术分会副理事长，世界交通运输大会（WTC）隧道学部联合主席，北京盾构工程协会副理事长，中国土木工程学会地下空间专业委员会副主任；中日盾构技术交流会中方副主席等。

王文正　1978 年出生，教授级高级工程师，北京市政建设集团有限责任公司技术质量部部长。主要从事城市轨道交通工程、市政工程技术质量管理与科研等相关工作。获省部级科技进步奖 6 项，各级协会科技进步奖 20 余项。获得国家级工法 2 项，省部级工法 5 项，发明及实用新型专利 20 余项，参编各类标准 8 部，发表论文 10 余篇。参与全国市政公用工程一级注册建造师考试用书及二级注册建造师培训教材的编写与培训工作。

乔国刚　1978 年出生，博士，教授级高级工程师，北京市政建设集团有限责任公司技术中心主任工程师、集团地铁指挥部执行副指挥长兼总工程师，主要从事城市轨道交通工程、市政工程技术与科研等相关工作。兼任北京盾构工程协会副秘书长、中国土木工程学会隧道及地下工程分会第十届理事。先后参加省部级以上科研课题多项，获 2 项省部级科技进步奖，获得发明专利授权 8 项，参编著作 3 部，主编参编地方标准 10 部，发表论文 10 余篇。

前　言

随着我国城市轨道交通"先中心、后外围"发展战略的实施，北京、上海、广州等地中心城区的地铁建设发展迅速。地铁建设是一项复杂的系统工程，为降低施工过程中的风险，有条件的地方可尽量采用明挖法施工；但在城市中心区，采用明挖法施工不可避免地会对周围环境和城市交通带来较大影响。以北京为例，城市中心区的交通已经十分拥堵，如果再断路或部分断路，无疑会使本来已经繁忙的交通雪上加霜，影响居民生活生产和城市的正常运行。

地铁工程规模大、周期长（一般为 3 年左右），城市中心区地铁建设期间的交通和环境问题特别突出。地下管线改移也增加了工程造价。实践中迫切需要提出新的施工技术，以减少城市中心区地铁施工对地面交通及环境的影响。

采用装配式铺盖法施工技术，可以较好地解决上述问题。这种方法可以看作是盖挖法的进一步发展，它是以标准的铺盖板铺设路面（临时路面），维持地面交通畅通，然后凭借各种标准临时支撑及支护，保证围岩稳定，并用标准构件保护地下构筑物及管线，向下进行开挖的一种施工方法。

作为一项较为成熟的技术，装配式铺盖法在日本、欧洲、新加坡都得到了广泛的应用。以日本为例，采用装配式铺盖法修建的地铁车站几乎占全部车站的 80%，只有 20% 的车站采用盾构法、明挖法或暗挖法施工。装配式铺盖法不仅可以解决传统施工方法带来的交通和环境问题，而且也使铺盖板等临时构件标准化，可减少临时构件的使用量及降低施工造价，带动地铁车站的标准化设计，并解决地下管线的临时保护等问题。

综上所述，在国外和一些地区采用装配式铺盖法修建地铁车站已是一项较成熟的技术。目前我国引入装配式铺盖法修建地铁工程，并使之成为适合我国地质条件、交通状况的施工技术，是十分必要和迫切的。

本书通过国内外调研、理论分析、室内试验、现场试验等手段，对装配式铺盖法设计、制造、施工成套关键技术进行了系统研究，提出了装配式铺盖法的合理结构形式和关键施工体系，并在国内首次成功应用于北京城市轨道交通 9 号线丰台北路站车站建设工程。

本书撰写过程中，北京市政集团张艳秋，北京交通大学博士研究生金慧、耿哲、杨引尊等，硕士研究生向路玖、卓政威、张伊洋、陈悦、王孟伟等参与了文献收集、图表绘制、校稿等工作，特此致谢！

Ⅴ

目　录

第1章 绪 论

1.1 概述

21世纪将是地下空间大发展的时代。综观当今世界，已把地下空间的发展和利用作为解决城市资源与环境危机的重要措施，是实现可持续发展的重要途径。以地铁工程为例，1863年，世界最早的地铁——伦敦"大都市铁道"开通以来，全世界投入到轨道交通建设的大浪潮之中，尤其是伦敦、纽约和巴黎等城市，虽然已建成几百公里的地下铁道，但随着城市的发展，还在不断地扩建。

随着中国轨道交通建设的迅猛发展，中国轨道交通建设里程早已遥遥领先其他国家。截至2021年9月30日，中国大陆地区共有49个城市开通城市轨道交通（以下简称城轨交通）运营线路265条，运营线路总长度8553.40km，其中地铁6737.73km，占比78.77%（图1-1）。图1-2为统计期末各城市城轨交通运营线路长度情况，从运营线网规模看，共计22个城市的线网规模达到100km或以上。其中，上海875.93km，北京799.1km，两市运营规模在全国遥遥领先，已逐步形成超大线网规模；成都、广州运营线路长度超过500km；深圳超过400km；南京、武汉、重庆、杭州4市均超过300km；青岛、郑州、西安、天津、沈阳、苏州6市均超过200km。

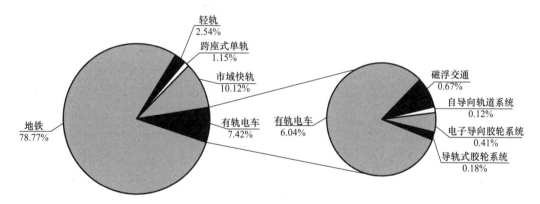

图1-1 中国大陆地区城轨交通运营线路制式结构概况（截至2021年9月30日）

城市轨道交通，尤其是地铁已经成为大城市地下交通的基本形式，不但充分地利用了地下空间，还很好地解决了城市的交通问题。同时，地铁已经成为人们生活中不可或缺的交通工具。

地铁车站是地下铁道中一个很重要的部分，联系着地面与地下的交通。在城市繁华地段和交通主干道路修建地铁车站已成为城市轨道交通建设中必须要克服的一个难题。地铁车站建设是一项复杂的系统工程，为降低施工过程中的风险，有条件的地方可尽量采用明挖法施工。但在城市中心区，采用明挖法施工不可避免地会对周围环境和城市交通带来较大影响。以北京为例，城市中心区的交通已经十分拥堵，如果再断路或部分断路，无疑

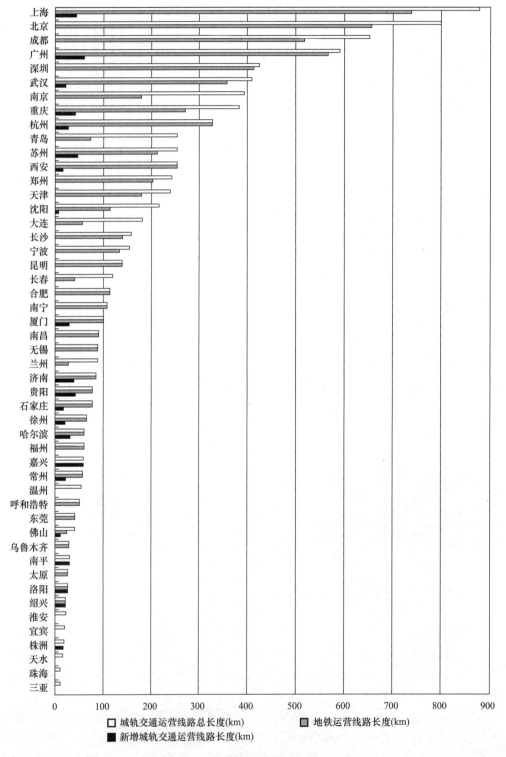

图 1-2　各城市城轨交通运营线路长度概况（截至 2021 年 9 月 30 日）

2

会使本来已经繁忙的交通雪上加霜，影响居民生活生产和城市的正常运行。加之，地铁工程规模大、周期长（一般为 3 年左右），城市中心区地铁建设期间的交通和环境问题特别突出，地下管线改移也增加了工程造价。实践中迫切需要提出新的施工技术，以减少城市中心区地铁施工对地面交通及环境的影响。

1.2　国内外地铁车站修建技术现状

1.2.1　明挖法

明挖法是指挖开地面，由上向下开挖土石方至设计标高后，自基底由下向上顺作施工，完成隧道主体结构，最后回填基坑或恢复地面的施工方法。

明挖法是各国地下铁道施工的首选方法，在地面交通和环境允许的地方通常采用明挖法施工。浅埋地铁车站和区间隧道经常采用明挖法，明挖法施工属于深基坑工程技术。由于地铁工程一般位于建筑物密集的城区，因此，深基坑工程的主要技术难点在于对基坑周围原状土的保护，防止地表沉降，减少对既有建（构）筑物的影响。明挖法的优点是施工技术简单、快速、经济，常被作为首选方案。但其缺点也是明显的，如阻断交通时间较长，噪声与振动等对环境的影响等。

1. 放坡开挖技术

在工程地质及水文地质条件允许的情况下，可采用放坡开挖的施工技术。边坡坡度根据地质、基坑挖深及参照当地同类土体边坡稳定值确定。基坑的开挖尺寸要保证满足结构施工的需要，对于需要设排水沟、集水井的基坑，其开挖尺寸可适当加宽。基坑应自上而下分层、分段依次开挖，以防止掏底开挖发生事故，开挖应随挖随刷边坡。

2. 型钢支护技术

型钢支护一般是使用打桩机或沉拔桩机打入或沉入工字钢或钢板桩，根据不同地区和地质条件设定桩距，桩间采用木背板、水泥土或钢丝网喷混凝土挡护。当基坑较深时，可采用双排桩，由拉杆或连梁连接共同受力。地铁施工也可采用多层钢横撑支护技术，还可用单层或多层锚杆，使其与型钢共同形成边坡支护体系。

3. 连续墙支护技术

连续墙支护一般采用钢丝绳和液压抓斗成槽设备，也有用多头钻和切削轮式成槽设备的。槽段采用膨润土泥浆护壁，灌注水下混凝土，使其形成混凝土挡土墙结构。为加强支护能力，一般采用钢横撑和锚杆拉紧连续墙共同受力的方式。连续墙不仅能承受较大的荷载，同时具有隔水的作用。适用于一般软土地层，如上海。

4. 混凝土灌注桩支护技术

混凝土灌注桩的成孔方法有人工挖孔、机械钻孔两种。人工挖孔形状有圆形和矩形，采取边挖边支护的方式；机械钻机有冲击钻机、长短螺旋钻机、循环钻机和潜水钻机。根据地质和水文条件采用干法和浆液护壁法，然后灌注普通混凝土和水下混凝土成桩，支护可采用双排桩加混凝土连梁共同作用形式，还可采用桩加横撑或锚杆形成的受力体系。

5. 土钉墙支护技术

土钉墙支护是在施工现场的原位土中用机械钻机成孔，插入排列间距较密的细长杆件，通常还外裹水泥砂浆或注浆，并喷射混凝土，使土体、钢筋、喷混凝土板面结合成深基坑土钉支护体系。

明挖法适用条件为：在基坑开挖范围内无重要的市政管线或市政管线可以临时改移；城市道路交通流量不大或当需要封闭道路交通时有临时改道条件。若基坑所处地面空旷或建筑物间距很大，地面有足够空地能满足施工需要，又不影响周围环境，则采用敞口放坡（或土钉墙）施工。

明挖法施工主要分为围护结构施工、站内土方开挖、车站主体结构施作和回填上覆土和恢复管线四个部分。根据不同的地质条件和车站结构的大小以及基坑深度，明挖法的围护结构可采用地下连续墙、锚杆、钻孔桩加旋喷桩止水、SMW 水泥土加型钢等。

1.2.2 暗挖法

暗挖法在地面铁路和公路、水工的隧道中广泛应用，但在我国早期地铁建设中应用较少。1984 年北京复兴门地铁折返线工程，采用铁道部隧道工程局提出的浅埋暗挖法进行施工，在保证地面交通正常进行的条件下获得成功，为我国在市区内进行地下施工但不影响居民生活和交通创造了一条新路。暗挖法在北京的复八线隧道及王府井、东单等地铁车站及广州市部分地铁区间隧道得到推广应用。

1. 浅埋暗挖法施工技术

浅埋暗挖法可以概括为：保持岩石原有的性能，充分发挥岩体承载作用，采用锚喷支护控制围岩变形，根据实际情况分析确定最终支护，支护越适时越好。施工原则是"管超前，严注浆，短开挖，强支护，快封闭，勤量测"。

2. 多拱多跨暗挖法施工技术

我国的多拱多跨暗挖法施工技术是在西单地铁建设中产生的，地铁车站断面为三连拱形式，施工中采用"双眼镜法"施工技术，依次分部开挖，每个"眼镜"的开挖支护均错开 $10d \sim 20d$（d 为隧道直径），使初期支护达到一定强度并形成支护闭合体后，再逐步开挖上部。

3. 平顶直墙暗挖法施工技术

这种方法的特点是：采用可重复使用的临时支撑，减小开挖工作面跨度，为二次衬砌施工创造通透的空间，实现受力转换又没有废弃工程。目前，这种技术已在北京长安街过街通道、其他人行道和地铁出入口以及地铁区间隧道施工中大量采用，效果良好。

暗挖法将有很大的发展空间，在繁华市区，不中断交通，减少对城市人民生活的干扰，采用暗挖法是可行的，特别是在地下水较深的条件下，不需要降水时，它具有灵活、安全的特点，有广阔的应用前景。

1.2.3 盖挖法

盖挖法现在作为修建地铁车站的主要方法，世界上采用盖挖法修建的地铁车站占很大比例，通过合理组织施工及疏导交通，可以做到基本上不影响交通。

相比于明挖法和暗挖法，盖挖法解决了两种工法的不足，而又具有其各自的优点，对交通管线影响小、经济性适中、文明施工程度高是盖挖法的突出优势。在繁华地段道路下的基坑工程，面临越来越大的交通组织、管线搬迁难题，对社会影响大，采用盖挖法施工既能减少对地面交通和周围环境的影响，又保证施工进度和预期的技术经济效益，可以满足工程实施的要求。

可以说盖挖法施工就是对首先修筑地下结构的顶板、然后在顶板的遮护下安全、顺利地修建地下结构其他部分的一大类半明挖施工方法的统称。按其支护结构的形式可以分为无边桩（墙）盖挖法和有边桩（墙）盖挖法两大类。按其主体结构的施工顺序，盖挖法可以细分为盖挖顺作法、盖挖逆作法、盖挖半逆作法等几个分支。

1. 盖挖顺作法

盖挖顺作法一般采用"水平支撑＋纵向次梁＋临时路面板"的结构形式，先开挖施工支护盖，而后在其下方进行土方开挖，先撑后挖，直至地下结构底部的设计标高，然后再依照常规顺序由下而上修建主体结构。上述施工完成后，拆除临时顶盖，进行土方回填，并恢复地下管线和浇筑永久路面。

根据用途和需要，围护结构既可以作为地下永久主体结构的一部分，承受永久荷载，也可以不作为地下永久主体结构的组成部分，仅在施工阶段承载。但是无论怎样，这个由顶盖和围护结构包围而成的巨大地下空间的安全和稳定，是盖挖顺作法成功的最根本的条件。

在长期施工过程中，由于地面荷载和堆载的不断作用，为保证围护结构的安全和稳定，需按照地区邻近建筑的保护要求等级，控制地面沉降在设计允许的范围内，这是盖挖顺作法的另一个技术关键。为此，采用多道临时横向支撑，以减少围护结构的变形和内力。通常是按照设计要求，随着顶盖下土体的逐层开挖，自上而下设置各道临时横撑。直到正式结构及其外部防水层全部施工完成，在回填过程中，才把各道临时横撑全部拆除。为避免临时横撑的拆除和再支撑，也可以采用土体预应力锚索代替各道横撑，使围护结构内部施工空间开阔，有利于组织施工。

盖挖顺作法所形成的永久结构和地面常规施工方法建成的结构类似，基本上是按照"基础—下层—上层"的自然施工顺序形成的，不存在逆作施工所形成的结构应力逆转和抽条施工所形成的各部不均匀沉降及普遍存在的界面收缩应力问题。结构依次形成，整体性好，次生应力小；防水施工易于进行，防水效果较好。这都是盖挖顺作法的优点。但是采用盖挖顺作法施工，顶盖的费用较高，而且工程开始时要铺设临时顶盖、修建临时路面，工程结束时要拆除临时顶盖、修建正式路面，两次占用道路，对交通仍有不小的影响。另外，采用盖挖顺作法施工，基坑围护结构独立承载时间长，其间结构的应力和变形很难精确控制，所诱发的坑周地表沉降较大，对邻近建筑物安全的影响也较大。

2. 盖挖逆作法

盖挖逆作法一般直接利用结构顶板作为支护盖，在顶板上回填土后铺设永久路面恢复交通。以后的工作在顶板的覆盖下进行，按照自上而下的顺序逐层开挖，逐层浇筑楼面板，直至完成结构底板。采用盖挖逆作法施工，通常是因为地下构筑物顶板覆土较浅、沿线建筑物过于靠近，为防止因基坑长期开挖而引起地表明显沉陷危及邻近建筑物的安全；或是为了避免盖挖顺作法两次占用道路的弊病所采取的工法。

盖挖逆作法施工所形成的结构最大的特点是：其主体结构是自上而下逆向建成的，因此与其他方法相比，盖挖逆作法带来了一系列特定的关键技术问题：

1）施工阶段和使用阶段结构的受力转换问题

盖挖逆作法建成的永久结构的边墙、底板在施工阶段和使用阶段的受力状态和内力形式很不相同。对于采用双层墙的形式修建的地下构筑物，上面各层的内侧墙在浇筑初期一般为竖向受压；而在下层开挖时，由于要负担下一层顶板的重量而变为竖向受拉；在结构竣工投入使用并完成最终沉降后，内侧墙竖向仍应受压。除了最上层顶板外，其余各层顶板在本层施工时上挠，在下层施工时下挠。受力状态的变化在结构各部分所形成的组合应力更为复杂。

因此，依靠量测监控技术，把握好施工各阶段结构的受力体系转换，保证结构在施工和使用过程中均处于安全工作状态，是盖挖逆作法施工的第一个技术关键。

2）结构各部位的连接和节点形成问题

采用盖挖逆作法修建结构，顶板与围护结构、顶板与内侧墙、层间底板与内侧墙、层间底板与中柱之间连接的可靠性和合理性是施工过程中应特别注意的问题。采用双层墙的地下构筑物，各层形成的顺序一般为：顶板—底板—边墙。底板和边墙的连接可以按常规施工方法，靠底板钢筋伸入边墙，并采用分步浇筑解决。浇筑边墙时，边墙的竖向钢筋要自下而上绑扎，并和顶板（或层间板）下伸的预留连接钢筋可靠连接。为便于混凝土的灌入，边墙模板顶部要做成多个向外倾斜排列的簸箕形下料斗。施工时纵向分段浇筑，以保证空气能自由排出、混凝土能充满边墙顶部和顶板（或层间板）下延部位之间的空间。为避免混凝土收缩出现缝隙，用于浇筑边墙最上部分的混凝土材料，需要采用特别配制的无收缩混凝土或微膨胀混凝土。

3）结构防水层分阶段形成问题

防水处理是盖挖逆作法施工的技术难点：采用盖挖逆作法施工时，若采用单层墙或复合墙，结构的防水层往往要被围护结构穿透，很难做好。只有采用双层墙，即围护结构与主体结构完全分离，无任何连接钢筋，才能在两者之间铺设完整的防水层。

采用逆作法施工，是利用逐层浇筑地下室水平结构作为周围支护结构地下连续墙的内部支撑。由于地下室水平结构与临时支撑相比刚度大得多，所以地下连续墙在侧压力作用下的变形就小得多。此外，由于中间支承柱的存在使底板增加了支点，浇筑后的底板成为多跨连续板结构，与无中间支承柱的情况相比跨度减小，从而使坑底的隆起也减少。所以逆作法施工能减少基坑的变形，使相邻的建筑物、道路和地下管线等沉降减少，在施工期间可保证其正常使用。但是逆作法的挖土条件比较困难，施工的工期比较长。

3. 盖挖半逆作法

盖挖半逆作法和盖挖顺作法相似，也是在开挖地面、完成顶层板及恢复路面后，向下挖土至地下结构底板的设计标高，先建筑底板、再依次向上逐层建筑侧墙、楼板。但是与盖挖顺作法的区别在于，盖挖顺作法所完成的顶板是将来要拆除的临时性盖板，而不是永久结构的顶板；而盖挖半逆作法所完成的顶板就是地下结构的顶部结构。因此，在地下结构完成后就不必再一次挖开路面。

盖挖半逆作法吸收了盖挖顺作法和盖挖逆作法两者的优点，可以避免进行地面二次开挖、减少了对交通的影响；除地下一层边墙和顶板为逆作连接外，其余各层均为顺向施工，减少了结构的应力转换，对结构的整体性和使用寿命有利，结构的防水施工也变得简单可靠。

盖挖半逆作法用于结构宽度较大、并有中间桩、柱存在的结构时，多道横撑和各层楼板的相互位置关系、施工交错处理、横撑的稳定性保证都是应注意的问题。此外，在施工阶段，中桩和顶板中部已有力学连接，顶板边缘与围护结构连为一体，但各层却是自下而上依次建成，各层结构重量的一部分将通过楼板传递到中柱上。中柱的受力变化比较复杂、结构的总体沉降也比较复杂。设计阶段全面考虑、施工阶段现场观测，防止结构在中柱周围出现受力裂缝是十分必要的。

半逆作法工艺相对较简单，从上到下开挖到底后再由下向上施工结构，开挖净空高，钢支撑布置与开挖工序安排较简单，便于操作，施工进度快；但开挖、支撑的时空效应控制难度较大，控制不理想时地下墙的变形比明挖顺作法相应的要大，因此必须加强监视，如发现地面异常等不利征兆，立即作出预防措施和应急措施。

盖挖法的特点是：根据不同的地质和水文地质条件，设计以连续墙、混凝土灌注桩作为边坡支护结构，然后施作盖板，形成框架结构后，在其保护下开挖土方，并完成结构施工。盖挖法是一种快速、经济、安全的施工方法，对人们生活干扰少，采取措施后可以做到基本不影响交通，比暗挖法要经济。

1.2.4　盾构法

修建地铁隧道盾构法施工是以盾构这种施工机械在地面以下暗挖隧道的一种施工方法。盾构是一个既可以支承地层压力又可以在地层中推进的活动钢筒结构。钢筒的前端设置有支撑和开挖土体的装置，钢筒的中段安装有顶进所需的千斤顶；钢筒的尾部可以拼装预制或现浇隧道衬砌环。盾构每推进一环距离，就在盾尾支护下拼装（或现浇）一环衬砌，并向衬砌环外围的空隙中压注水泥砂浆，以防止隧道及地面下沉。盾构推进的反力由衬砌环承担。盾构施工前应先修建一个竖井，在竖井内安装盾构，盾构开挖出的土体由竖井通道送出地面。

就我国目前使用盾构法的现状来看，该施工技术仅限于修筑区间隧道。对于车站的施工，一般在车站端部设置工作井，盾构机从起点车站一端向另一车站推进，到达另一车站后，或在车站端头井掉头向回推进，或在已创造好过站条件的车站过站，继续施工下一个区间隧道，到达目标车站后将盾构机吊出，转到另一区间隧道施工。这样，盾构机必须多次解体过站，车站施工和区间盾构施工在工期上产生了矛盾，反而使本来可大大缩短工期的盾构施工技术成为可能带来较大工期风险的工法，造成盾构机的优势得不到发挥，大大制约了盾构技术在我国地铁工程中的应用。如果盾构区间施工与车站施工的工期问题得以相互协调，区间、车站结构相互配套搭配，工法、工期能相衔接，就可最大限度地减少区间施工与车站施工的相互干扰，开展平行作业，缩短施工工期，减少盾构井数量，大大提高盾构机的一次推进距离，减少盾构设备的投入台数，尽可能多地使用盾构进行区间隧道施工，从总体上较大幅度地降低工程造价，提高施工的安全性。苏联、德国、日本、美国等专家学者对结合盾构法修建地铁车站进行了大量的研究工作，并且获得了实际应用，积累了相关的工程经验，具体包括小直径盾构隧道结合暗挖法、横通道、半盾构、托梁法修建岛式车站、结合中等直径盾构隧道修建侧式车站、结合大直径盾构隧道修建地铁车站和使用新型盾构机修建车站等新型地铁车站修建方案。

1. 结合小直径盾构隧道修建岛式车站

岛式车站是常用的一种车站形式，其站台位于上下行车线路之间，具有站台面积利用率高、能调剂客流、乘客中途改变乘车方向方便、车站管理集中等优点，一般常用于客流量较大的车站。结合小直径盾构隧道修建车站的方案，首先完成两条线路的隧道主体，然后采用暗（盖）挖法、横通道、半盾构、托梁法等工法将两条并行隧道联通。这种施工方案下，一般地铁列车在两侧运行，车站设置在中间位置，即建成岛式车站。

1）盾构法与矿山法结合

这种方法先使用盾构法完成隧道整线推进，然后采用矿山法扩挖两行车隧道之间的部分，在开挖过程中逐步拆除管片。日本高伦车站采用了盾构结合矿山法的施工方式，这种类型的车站对施工技术要求较低，开挖操作简便，作为暗挖法的一种，可以避免车站修建对道路交通的影响。但矿山法施工对地层有很高的要求，需要土层具有自承载能力，在支护结构下能够保持稳定。图1-3为盾构结合矿山法建成的车站结构。

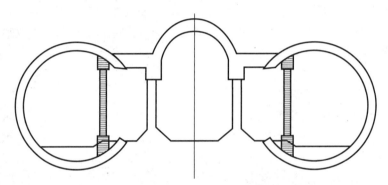

图1-3 盾构结合矿山法建成的车站结构

2）盾构法与盖挖法结合

即盾构先行完成两条盾构区间的推进，采用明挖法开挖土体到车站顶板标高，施作车站顶板，当顶板钢筋混凝土达到设计强度后，回填上部土体，恢复路面交通。之后，采用盖挖法完成后续车站内部结构建造。图1-4为盾构结合盖挖法建成的车站结构。

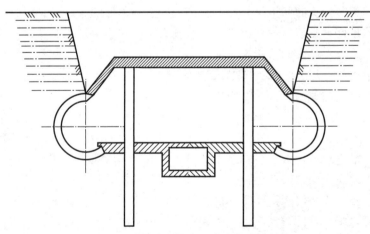

图1-4 盾构结合盖挖法建成的车站结构

结合盖挖法的施工方案可以减小车站开挖对路面交通的影响，和矿山法相比支护结构较为简单，但在施作顶板、回填土体前，路面交通无法恢复，对路面交通、当地经济会造成短期影响，同时对开挖段的地质条件要求较高。

3）盾构法与横通道结合

盾构法与横通道结合通常是由 2 个或者 3 个并列的单圆隧道通过横通道组成的车站，这种方案内部的区别主要是一次性贯通的隧道数目和横通道的施工方案（冻结法、矿山法和机械法）。对于客流量相对较小的车站可以采用 2 个单圆盾构隧道结合横通道修建成岛式车站，通过这种方式修建的车站总宽度较窄，适宜在比较窄的街区修建。当客流量要求较大时，可采用 3 个并列的单圆盾构和横通道的联通方式，将 3 个并行盾构隧道联通，并将中间盾构隧道修建成车站主体，组成 3 拱塔柱式车站，这样车站形式在苏联的深埋地铁中采用较多，如基辅地铁车站（图 1-5）。这种施工方案既可建成应对客流量相对较小的岛式车站，也可通过 3 个区间单圆盾构通过横通道联通形成中心车站，可满足大客流量的要求，但 3 个单圆盾构成本较高。同时横通道的施工方案受地层影响比较大，在地层相对稳定的条件下，横通道的施工方案会相对简单且施工过程较为安全，在地层较弱的地区，需要依据横通道施工方案选择加固方案，确定化学注浆、冻结法或压缩空气作为辅助方法加固地层。目前，国内外已出现机械法联络通道的案例，如使用顶管法的德国第四易北河隧道、香港屯门海底隧道，总体上机械法施工横通道的工程案例较少，施工技术也尚未成熟。

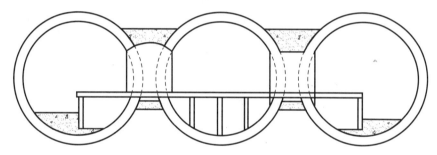

图 1-5 盾构结合横通道建成的基辅地铁车站结构

4）盾构法与半盾构法结合

盾构与半盾构法结合简单来说就是先用盾构法完成两条主隧道的推进，之后在一台半盾构的保护下完成对下部土体的开挖，乘客在车站两端通过斜隧道或者竖井进入车站，这种车站是典型的岛式站台车站，又称为“眼镜车站”，如图 1-6 所示。车站应满足乘客集散需求，车站宽度一般不小于 10m。这种类型的车站在苏联地下铁道中应用较多，且结构向更加轻巧的趋势发展。

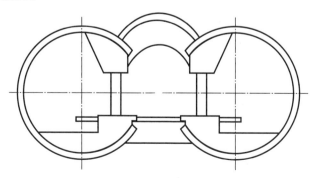

图 1-6 盾构与半盾构法结合建成的车站结构

结合半盾构法修建车站，在半盾构的保护下开挖土体、拆除管片，修建"眼镜车站"，圆环形的上部保护结构允许设计较大站台跨度。但该法在国内发展还需进一步分析研究。作为一种扩挖的车站方案，对地层稳定性要求同样较高，依然涉及地层加固范围和加固方案的选择。

5）盾构法与托梁法结合

结合托梁法修建车站，首先采用盾构贯通整条主隧道，随后在隧道内部增加立柱，将托梁压入土层。在托梁的保护下进行下部土体的开挖和管片的拆除。托梁法施工考虑托梁的变形性能和施工安全性，修建车站的站台跨度不宜太大，埋深较浅，一般地层稳定性较好，在大跨度、深埋、软弱围岩段一般不宜采用此法。图 1-7 为盾构与托梁法结合建成的车站结构。

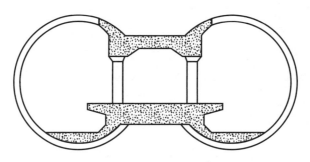

图 1-7　盾构与托梁法结合建成的车站结构

区间盾构结合托梁法修建岛式车站的方案，虽然都能在一定程度上解决传统明挖法修建车站造成地上道路封堵问题，缓解路面交通压力，但是辅助工法对地层稳定性要求较高，在软弱地层段需要考虑大范围的加固方案，增加工程成本。该修建车站的方案在日本有所应用，而应对较深的车站埋深，在方案比选中还需慎重。

2. 结合中等直径盾构隧道修建侧式车站

侧式车站也是一种常用的车站形式，其站台位于轨道线路侧边，没有被两条轨道包围、只能服务于一条轨道线路上的列车。具有不同车次乘客互不干扰、站台设计简单、便于改造、站台面积利用率低、管理分散、换乘不方便等特点。结合中等直径盾构隧道修建车站的方案，首先完成单个中等直径隧道主体，然后采用 PBA 或 CRD 工法扩挖隧道修建车站。这种施工方案下，双线地铁列车在中间运行，车站设置在两侧位置，即建成侧式车站。

1）盾构法与 PBA 法结合

PBA 法就是先开挖导洞，在洞内制作人工挖孔桩、梁柱，完成后再施作顶部结构，然后在其保护下施工，实际上就是将盖挖法施工的挖孔桩、梁柱等转入地下进行，在中等直径盾构隧道的基础上用 PBA 法（洞桩法）扩挖车站。图 1-8 为盾构与托梁法结合建成的车站结构。

该工法将盾构法与浅埋暗挖法有机结合起来，充分发挥了盾构法与浅埋暗挖法两种工法的优点。不仅优化了车站和区间的设计，实现了车站暗挖和区间盾构的有机结合，还实现了狭窄道路条件下的线路布置，以及城市密集建筑物环境下的快速高效施工。该工法对于提高地铁建设质量、加快地铁建设速度、提高盾构设备利用率、降低工程施工风险、减小对地面交通的影响、增加车站站位选择的灵活性、增强社会效益及环境效益，都有重要的现实意义。

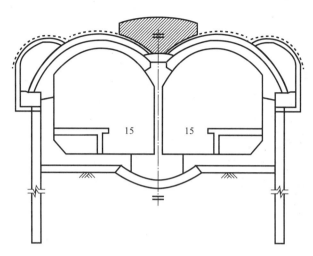

图 1-8　盾构与托梁法结合建成的车站结构

2）盾构法与 CRD 法结合

CRD 施工，全称交叉中隔墙法，是一种适用于软弱地层的隧道施工方法，一般用于 4 级、5 级围岩。采用 CRD 法预留核心土，将大断面隧道分成多个相对独立的小洞室分部施工。CRD 法遵循"小分部、短台阶、短循环、快封闭、勤量测、强支护"的施工原则，自上而下，分块成环，随挖随撑。采用 CRD 法开挖，开挖的每一步都各自封闭成环，兼具台阶法和双侧壁导坑法的优点，适用开挖跨度较大，有利于地层稳定，保证施工安全。CRD 法和 PBA 法结合盾构法修建车站，在盾构先行的基础上修建盾构车站，从车站最终形式上都是单洞双线的侧式车站。

盾构法结合 PBA 法和 CRD 法两种施工方案具有以下特点：

（1）实现狭窄道路条件下的线路布置，减小了地下管线改线和对周围环境的影响。

（2）很好地解决了盾构过站的问题，提高了盾构机的利用率，有利于施工组织和管理。

（3）站台面积利用率低，适用于小客流量车站，部分乘客在换乘时需要到另一侧乘车，步行距离较长。

（4）与其他方式结合盾构法扩挖车站相比，这两种方法的管片拆除量更大，拆除后管片重复利用率不足 10％，造成很大的资源浪费。

（5）对比结合两个小直径盾构隧道修建岛式站台，PBA 法和 CRD 法挖方量比较大，且在管片拆除过程中，单次拆除管片的重量较大。

（6）车站区域内应有外挂设备区的明挖条件。

（7）暗挖车站体量小，工期有保证。

3. 结合大直径盾构隧道修建地铁车站

目前，盾构技术已在世界范围内发展，直径大于 12m 的盾构比较普遍。大直径盾构技术的发展为结合盾构法修建车站提供了新思路，使得将车站设置在隧道结构内部成为可能。该方案的特点是将原车站内的月台、列车运输、跨界车、旁路、辅助区域和公共设施走廊等均放在隧道截面内。图 1-9 为大直径盾构隧道修建的车站结构。

按照概念性的简化施工步骤，该方案盾构隧道主体整线掘进完成，车站出入口可在隧

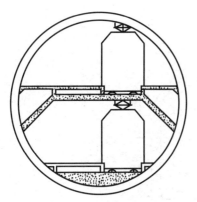

图 1-9 大直径盾构隧道修建
的车站结构

道旁（避开交通繁忙地带）独立修建完成，随后使用隧道联通技术将车站出入口和隧道主体以开孔的方式完成连接，最后进行隧道内站台、轨道等内部结构的修建。大直径隧道地铁车站方案具有以下优点：

1）车站出入口、通风井等可设置在地下隧道旁，采用明挖法或盖挖法等完成，可避免对交通紧张的城市街道的影响。

2）该方案中车站出入口体量更小。

3）与结合盾构法扩挖车站的方式相比，该方案以开孔的方式完成和出入口的连接，可以大量减少盾构管片的拆除量。

4）比较便捷地预留车站位置，可以在规划时预留开洞位置，在区间内有增设车站需求时比较方便。作为一种全新的地铁车站修建方案，该施工技术还不成熟，目前国内还没有工程案例，所以相应研究还有待继续，车站出入口和隧道联通的具体施工方案也还有待商榷，连接通道的接口部位的受力比较复杂、接头防水等问题也有待解决，盾构主体在开口过程中的受力状态还需进一步研究。

4. 新型盾构机修建车站

在日本，采用新型盾构机辅助修建车站的方案有两种，一种采用复式微型盾构机作为概念方案尚在研发中，其基本思路是：采用小型或微型盾构设备，先修筑车站主体受力结构，而后在车站主体受力结构的保护下开挖内部土体，建成大型地铁车站。另一种已经用于工程的方案是采用固定式或分离式的三圆盾构机。这两种修建车站方案均对盾构机生产水平提出相当高的要求，所以它们的推广受到设备生产水平的限制。

三圆盾构机可以在盾构推进的过程中直接完成车站的主体修建，在日本已经有成功的工程案例，如白金台车站（图 1-10）。机械化程度高，适用于软弱地层和深埋隧道的车站修建，是这种方案最优之处。在技术成熟的情况下，它可以将盾构法推进隧道的速度优势较好地体现出来。目前，固定式三圆盾构机主要由 3 个等直径圆构成，分离式三圆盾构主要由中央大直径圆和两侧小直径圆构成。在施工过程中，依靠盾构机的自动化性能，在修建车站段使用三圆盾构形式推进，隧道和车站主体在推进中同步形成，推进到车站段端

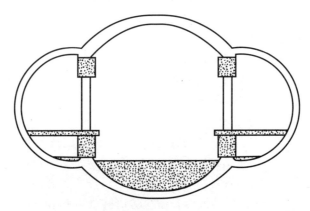

图 1-10 三圆盾构机修建的车站结构

部时三圆盾构机有两种继续推进的方案选择：一种是将中间盾构机拆去，形成两个普通盾构；另一种是将两侧盾构拆去，形成双线区间盾构。

目前，国内正在研究长距离隧道盾构施工的工程，成熟的三圆盾构可以用于长距离盾构推进中完成地铁中心车站修建，同时在狭窄地下空间修建车站时其优越性更加突出，它可以解决在城市繁华地区的地铁工程遇到的难以确保施工用地或施工用地拆迁费过高以及盾构区间推进与车站修建工期矛盾等问题，三圆盾构车站隧道断面的利用率大大提高，机械化程度高，适用于软弱地层和深埋隧道的车站修建，而且可以在地下水高水头条件下安全施工。但由于三圆盾构机的造价远高于普通盾构机，其施工技术、施工控制及施工管理的要求也要远高于普通盾构，相对于我国盾构设备生产水平落后的实际情况，目前方案推广受到限制。

5. 盾构法与明挖法结合

车站由两条地下洞室组成：一侧洞室为双（多）层结构，采用明挖形成；另外一侧洞室为单层站台，采用盾构法修建。图 1-11 为盾构法与明挖法结合修建的车站结构。采用塔柱式的站台方案，盾构侧的站台宽度可达到 3.0～3.5m 以上，明挖侧站台可依据客流计算确定，并适当加宽，具备调剂对侧站台客流的能力。车站主要设备布置于明挖站体部分。

主要特点及适用条件：

1）本工法适用于地下管线密集，明挖宽度不足设置双线车站的情况。

2）由于基坑围护桩的存在，对于管片变形的控制作用显著。

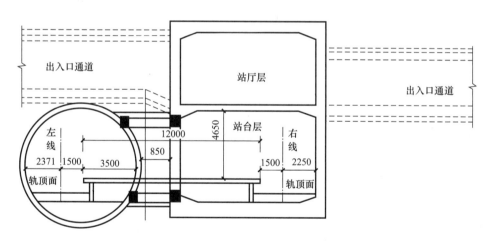

图 1-11 盾构法与明挖法结合修建的车站结构

1.2.5 明盖结合装配式铺盖法

装配式铺盖法是利用铺盖体系作为支撑，在体系的支撑下进行地下作业的一种施工技术和方法，结合了明挖法和盖挖法施工的优势。即基坑的一部分采用临时路面系统恢复交通，另一部分留出空间，作为开挖土方及结构施工时的运输空间。

明盖结合装配式铺盖法由基坑支护体系和铺盖体系组成，其中基坑支护体系由围护桩（墙）、腰梁、横撑、角撑等部分组成，主要用于抵抗基坑周围的土、水压力等荷载。铺盖体系由铺盖板、铺板梁、梁支撑和中间桩组成,主要用于支撑路面荷载。

施工时首先施作围护桩(墙)和中间桩,然后开挖到设计位置时,及时架设梁支撑、铺板梁和铺盖板,随着开挖进行,及时架设围檩、钢支撑和中间桩稳定体系,中间桩与钢支撑采用翼板焊接,同时进行管线悬吊保护。开挖到基底后,采用顺作法施作结构,随着结构施工,逐步拆除钢支撑及中间桩稳定体系,待结构施作完成,拆除铺盖体系,同时待路面恢复,割除中间桩,在中间桩与各板交接位置,进行防水处理。

装配式铺盖法盖挖段以标准的铺盖板铺设路面(临时路面),维持地面交通畅通,然后凭借各种标准临时支撑及支护,保证围岩稳定,并用标准地下构筑物(管线)保护构件保护管线,向下进行开挖施工。铺盖板的材质主要有钢材和钢-混凝土合成构筑物两大类。钢质铺盖板具有耐久性和安全性特点,运输方便,得到广泛应用。盖挖法已在日本和我国台湾地区得到了广泛的应用。

明盖挖结合法综合了明挖法和盖挖法施工的优点,既保证了路面交通,减小了对交通的影响,同时又保证了施工进度,缩短工期。最重要的是铺盖板及临时构件可以标准化,进行重复利用,降低了临时构件及施工造价,而且可以带动标准化的地铁车站的结构设计、建筑布置设计以及地铁车站安全施工技术,同时可以解决地下管线的标准化临时保护等问题。

1.3 装配式铺盖法的必要性与挑战

1.3.1 装配式铺盖法的必要性

在我国,地铁车站的施工通常采用明挖法、盖挖法和浅埋暗挖法3种。明挖法以其车站施工方便、施工速度快、施工质量容易保证和管线改移少时造价较低等优点,成为地铁车站设计的首选方案;但由于它对地面交通、居民生活的影响较大及污染环境的缺点,使在城市繁华地带修建地铁车站显得不可行和不经济,因而改用盖挖法和浅埋暗挖法。盖挖法以占用场地时间短、对地面干扰较小、安全的特点,得到了广泛的应用。在对地面交通和地下管线要求较高的城市中心地带,通常采用浅埋暗挖法施工地铁车站,近年来该法在我国各大城市的地铁及市政管线工程中得到了越来越广泛的应用。

这几种方法相比较而言,明挖法成本低,对地面沉降控制能力好,施工速度快,但其投入人力多,影响环境;目前比较流行的盖挖法施工劳动强度适中、自动化程度高、对环境影响较小,但成本较高、结构上部荷载及支撑体系的复杂性导致其对地面沉降和结构本身变形不易控制。而暗挖法虽然对地面环境影响较小,投资成本较低,但其也受到诸多因素的制约。例如在地质结构复杂、地下管线密集的地区很难实施,机械化程度低,施工速度缓慢,不能满足当今城市轨道高速高效发展的浪潮。因此,如今地铁车站修建中暗挖法逐渐被明挖法和盖挖法所取代。

现阶段我国正进入大规模地开展城市市政工程建设的高潮,如果能将明挖法和盖挖法的优势结合起来施工地铁车站,使之成为一种综合而独特的施工方法,将会既降低工程成本、提高施工速度、缓解交通压力,又能适应目前国内施工队伍的技术水平和城市地铁建设的客观需要。

探索适合我国现阶段地铁车站的施工方法，已经引起国内一些专家学者的关注。结合国内目前的技术和经济水平，提出一种新型的地铁车站修建方法——明盖结合装配式铺盖法，即采取半明挖半盖挖的修建方法。选用明盖结合装配式铺盖法修建地铁车站，投资成本较低，速度适中，机械化程度也较好，最重要的是其可以有效地满足周边环境与交通的需要。修建方法的综合对比如表1-1所示。

修建方法的综合对比　　　　　　　　　　　　　　　　　　　表 1-1

	明挖法	盖挖法	暗挖法	盾构法	明盖结合装配式铺盖法
成本	低	较高	高	高	适中
施工速度	快	较慢	缓慢	较快	较快
劳动强度	高	适中	高	适中	适中
机械化程度	较高	高	低	高	较高
环境及管线影响	大	小	大	小	较小
交通影响	大	小	小	小	小

装配式铺盖法已在日本、欧洲、新加坡和我国台湾地区等得到了广泛的应用。该方法以标准的铺盖板铺设临时路面，维持地面交通畅通，然后凭借各种标准临时支撑及支护，保证围岩稳定，并用标准构件保护地下构筑物及管线，进行施工开挖。使用装配式铺盖法不仅能解决地铁车站施工中的交通环境问题，同时也能保证施工安全和工程的质量，使铺盖板及临时构件标准化，降低临时构件及施工造价，而且可以带动标准化地铁车站的结构设计、建筑布置设计以及地铁车站安全施工技术的发展，同时可以解决地下管线的标准化临时保护等问题。

综上所述，有必要结合目前的建设形势，对装配式铺盖法进行系统的综合研究，特别是合理的设计方法以及施工过程中的各个方面及环节进行全面、系统的研究。在原有盖挖法的基础上，研究并应用新的设计及施工方法，形成一整套满足环境要求并且价格合理、标准构件容易再使用、方便快速施工的设计施工成套技术。

1.3.2 装配式铺盖法所面临的挑战

采用明挖法施工时，扬尘问题严重，影响环境，影响交通。采用盖挖法施工时，因无标准的临时路面铺盖构件，以军用梁和临时钢板代替，无军用梁的施工企业均需专门制造，不仅增加了投资，而且使用不便。相对于装配式铺盖法而言，我国现今采用的盖挖法需要大量的临时支撑，这些临时支撑的制造及使用很不规范，而且，设计计算方法以及支撑的结构形式有许多不合理之处，过于安全，浪费材料，增加施工费用。如何合理地降低临时支撑的浪费，把临时支撑规范化、标准化，充分的再利用，并研究其信息化施工的方法是发展装配式铺盖法必须要解决的重要课题。

装配式铺盖法在我国有着广阔的应用前景，虽然已有在建的工程实例，但还没有形成相应的规范或标准，目前国外尤其是日本以及我国台湾地区等采用铺盖法修建地铁车站的设计施工技术已经成熟，对国内采用该法有很好的借鉴。因此，根据该施工技术的要点，结合我国的实际情况，制定符合我国规范要求的设计施工标准，将成为该技术在我国应用及推广过程中的重点和关键。其中最为关键的挑战包括以下几点：

1. 标准化的铺盖板研制

路面的铺盖板，是从开始开挖到施工完成，长期使用而且必须保证路面交通及其他使用条件，并要求铺盖作业尽可能短时间完成。特别是车辆通过盖板时的振动及环境弊害（噪声），应尽可能小才能满足原来道路的要求，所以尽可能简单的、容易拼装及施工的、轻量且强度高、容易维修、容易重复使用的盖板是极为重要的。

2. 装配式铺盖法的合理结构模式

装配式铺盖法结构体系包括基坑支护体系和铺盖体系。基坑支护体系承受周边土、水及基坑上超载，铺盖体系作为保证交通的工具，主要是承受车辆荷载。基坑支护体系需要采用围护桩（墙）加内支撑体系或者是围护桩（墙）加土钉墙或者是锚杆体系。围护桩（墙）可以是钻孔灌注桩、地下连续墙等形式，内支撑体系可以是钢支撑、混凝土支撑或者是钢筋混凝土支撑。究竟采用哪种形式，视基坑尺寸和周围环境而定，铺盖体系就是由中间桩、梁支撑、铺板梁、铺盖板及中间桩稳定体系构件等组成。铺盖体系方案的核心是中间桩的布置，其他构件的选型都与中间桩的布置形式密切相关。如何设计出合理的结构形式是装配式铺盖法的又一挑战。

3. 地下管线的处治技术

在修建地铁车站时，布设在城市地下中浅部的地下管线的临时保护，也成为重要的难题。为了快速安全施工，研究成套的地下管线吊装、保护方法及配套机具，也是发展装配式铺盖法技术极为重要的和紧迫的课题。

4. 成套施工关键技术体系

该方法在施工过程中围护结构一方面要承担侧土压力，另一方面还要作为铺盖体系的一部分，必须要全面考虑才能保证基坑及铺盖体系共同的稳定性；而铺盖体系是一个全新的体系，中桩的稳定、梁及支撑的稳定都是保证施工过程安全的必要条件，如何在各个方面及环节进行全面、系统的研究，提出新的设计及施工方法，形成一整套施工成套技术是实施装配式铺盖法技术更为重大的挑战。

1.4 装配式铺盖法在我国的应用分析

1）采用装配式铺盖法修建地铁车站，可很大程度地降低对市政交通及环境的影响，且造价适中。在日本、欧洲、新加坡和我国台湾地区等得到了广泛的应用，具有良好的效果。在国内具有较好的应用前景。

2）国外装配式铺盖法修建地铁车站所用的基坑维护结构的施工方法与我国现行采用的施工方法没有很大的差别。根据对北京地区的初步调查结果，基坑维护结构所采用的方法，维护结构宜采用钻孔灌注桩或连续墙。

3）使用装配式铺盖法不仅能解决地铁车站施工中的交通环境问题，同时也能保证施工安全和工程质量，使铺盖板及临时构件标准化，降低临时构件及施工造价，而且可以带动标准化地铁车站的结构设计、建筑布置设计以及地铁车站安全施工技术的发展，同时可以解决地下管线的标准化临时保护等问题。

4）装配式铺盖体系对地下管线的影响小，采用悬吊保护法进行保护，能减少地铁车站施工中管线移设造成的施工周期长和造价高等问题，加快地铁施工进度。一定程度上缓解当前我国地铁建设时间紧的矛盾。

5）广州地铁江南西站是我国大陆地区首例铺盖法施工的地铁车站，此外，长春地铁 2 号线、沈阳地铁 9 号线北二路站、深圳地铁部分车站、北京地铁 9 号线第 03 标段丰台北路站、上海轨道交通 7 号线常熟路站、兰州地铁 2 号线公交五公司站等工程均使用装配式铺盖法进行施工，不但操作更为简便，效率较高，而且较为经济，可以降低工程造价，还能提高施工的安全性，对地下构件有着一定的保护作用。这些实例都表明国内已经具备了在地铁新线使用装配式铺盖法修建地铁车站的技术条件。

6）当前时期是我国地铁建设的高潮期，地下空间开发也方兴未艾，如何在地下工程的实施中确保安全和质量，同时减小对已经非常拥挤的地面交通的干扰，是我国地下工程建设面临的问题和挑战。未来城市中心区建设地铁工程的需求也将十分旺盛，为装配式铺盖法修建地铁车站技术提供了广阔的应用前景。

本章参考文献

[1]　张中勇，王永吉．预制装配式技术在地铁工程中的应用［J］．建筑技术，2017，48（8）：812-815．

[2]　袁大军，段茜，罗富荣，等．装配式铺盖法修建地铁车站技术［J］．现代城市轨道交通，2008，（3）：32-34，89．

[3]　徐加民．引进装配式铺盖法修建地铁车站［J］．地下工程与隧道，2009（2）：17-19，52．

[4]　袁大军，李兴高，孙立．装配式铺盖法施工技术在我国的应用分析［J］．建筑技术，2009，39（6）：558-560．

[5]　刘力．装配式铺盖法设计及在北京地铁工程中的应用［J］．山西建筑，2010，36（16）：309-311．

[6]　高志宏．浅谈明挖法地铁车站的设计分析方法［J］．甘肃科技，2010，26（9）：118-121．

[7]　霍亚超．明盖结合装配式铺盖法地铁车站施工几个关键问题研究［D］．北京：北京交通大学，2012．

[8]　管攀峰，郭振坤，陈鸿，等．结合盾构法修建地铁车站方案综述［J］．公路交通技术，2018（34）：139-146．

[9]　杨慧林．国内结合盾构法修建地铁车站的技术方案分析［J］．设计研究，2009，26（4）：26-29．

[10]　何川，丁建隆，李围．配合盾构法修建地铁车站的技术方案［J］．西南交通大学学报，2005，40（3）：293-297．

[11]　刘洪波，吴迪．饱和软土敏感环境地铁车站的盾构法施工技术方案［J］．施工技术，2011（5）：118-122．

[12]　路美丽，刘维宁，孙晓静．盾构法、暗挖法结合修建地铁车站在我国的应用前景［J］．都市快轨交通，2004（2）：30-38．

[13]　高志宏．上海软弱地层采用盾构法及顶管法建造地铁车站的可行性方案研究［J］．施工技术，2021（7）：161-168．

[14]　吴京华．基于盾构法的地铁车站断面形式与建筑布局研究［J］．城市轨道交通研究，2020（10）：34-37．

第2章 装配式铺盖板研制

2.1 概述

铺盖板是装配式铺盖法重要的组成构件,具有承担路面荷载,恢复交通的作用。为尽可能减少地铁车站施工对地面交通的影响,铺盖板应满足强度、刚度、抗荷载重复作用、抗渗等长期使用要求。然而传统军用梁的体积过大,灵活性差,易与地下管线原有的位置发生冲突,导致其悬吊困难较大,同时现有临时路面板也存在重复利用性低,使用效果和防滑减震性能差等问题,所以研制形式简单、易拼装施工、强度高、易更替、容易重复利用率高的铺盖板是极为重要的。

2.2 铺盖板的研究现状

装配式铺盖板是在采用装配式铺盖法修建地铁车站临时在路面铺设的盖板,和铺盖支撑体系共同构成装配式铺盖法施工的核心支撑体系。装配式铺盖板用于支撑从施工开挖到施工完成的路面荷载,在保证路面交通的条件下应能长期使用,减少地铁车站施工对地面交通的影响,满足原来道路的要求。使用装配式铺盖法不仅能解决地铁车站施工中的交通环境问题,同时也能保证施工安全和工程质量,使铺盖板及临时构件标准化,降低临时构件及施工造价,带动标准化地铁车站的结构设计、建筑布置设计以及地铁车站安全施工技术的发展,解决地下管线的标准化临时保护等问题。

目前国外发达国家对于环境保护的要求越来越高,针对施工造成交通影响的限制越来越严格,市中心区域地铁车站采用明挖法施工已越来越少,很多城市的地下工程、地铁、隧道的建设中都采用了装配式铺盖法施工,尤其以日本的盖挖法施工技术最为成熟。日本采用盖挖法修建的车站一般采用型钢支撑体系,应用统一规格的预制路面盖板,社会车辆直接行驶在盖板上,施工也都在路面盖板上进行,只需用简单的围挡与交通分隔,对交通的影响非常小。地下管线悬吊在路面盖板下方,节约了管线搬迁的费用。型钢支撑体系、路面盖板体系均可重复利用,已经成为成套产品。

到目前为止我国城市地铁车站采用普通盖挖法施工时,尚无一套完全适合于盖挖施工的临时铺盖层,制造及使用不规范,且设计计算方法以及支撑的结构形式有许多不合理之处。采用现浇混凝土板作为铺盖层,虽然经济性好,但工期长,拆除时费工费料且破拆噪声和粉尘影响周围居民生活,建筑垃圾也对环境造成污染,此种方法已被限制使用。因无标准的临时路面铺盖构件,所以采用六四式军用梁及临时钢板组成临时路面系统,而无军用梁的施工企业需专门制造,增加投资且使用不便。广州地铁江南西站是我国首例采用铺盖法施工的地铁车站,采用柱列式挖孔桩作为基坑围护结构及路面系统的支撑传力体系,采用六四式军用梁作为临时路面的支撑构件，军用梁上铺设钢板及沥青路面，对各类既有地下管线进行悬吊或换管处理。但军用梁体积大，梁高 1.6m，开挖的深度需至少达到 2.5m，而城市地下管线大多集中在地面以下 3m 范围内，架设军用梁与许多管线冲突，给管线的原位悬吊带来一定困难。此外，开挖深度深造成占路时间长，且临时路面板不规范，形式多种多样，没有通用性，不利于构件的重复利用，使用效果和防滑减震等方面均不理想。而采用装配式铺盖法施工时，临时路面板为标准的铺盖板，路面支撑系统由铺板梁、梁支撑和中间桩等标准构件组成，主要用于支撑路面荷载，这些构件均采用型钢，便于重复利用。该体系具有灵活轻便、架设方便、易悬吊管线、路面效果好、文明施工程度高等优点。装配式铺盖板与军用梁比较如表 2-1 所示。

	装配式铺盖板与军用梁比较	表 2-1
项目	装配式铺盖板	军用梁
占路时间	短	较短
施工期间路面效果	好	一般
出土进料口设置	灵活	固定
对路线管线影响	小，可灵活悬吊	较小
施工工期	短	较短

通过比选可知，装配式铺盖法在恢复路面时间、临时路面效果、构件重复利用等方面均具有很好的优势，为了减少车站施工中对路面交通和周边环境的影响，推荐采用装配式铺盖法进行施工。而采用装配式铺盖法施工的关键技术在于研发一套完全适合于装配式铺盖法施工的临时铺盖层，减少地铁车站施工对地面交通的影响，合理地降低临时铺盖层的浪费，把临时铺盖层规范化、标准化、充分地再利用，因此，研制形式简单、易拼装施工、强度高、易更替、容易重复利用率高的铺盖板是当前重要的课题。

2.3 铺盖板的设计原则

铺盖板应该具备很高的安全性，在施工过程中，操作上应该更加便捷，并且具备很好的刚性和强度，在价格方面尽量保证其合理性，在选择铺盖板时应保证铺盖板满足以下要求：

1）各种交通量情况下能正常使用。

2）耐久性好，可长时间使用。

3）表面抗滑能力强，不影响汽车行驶及制动。

4）抗冲击能力强，能充分抵抗施工及材料搬运时的偶然冲击。

5）重量尽可能轻。

6）安装方便、简单、牢靠，使用期间检查方便。

7）车辆在铺盖板上行驶时不产生额外噪声。

8）通用性和兼容性好，各种铺盖板可以并用。

9）材质均匀，成型误差小，不给车辆及步行者以不安全感觉。

10）安全性高，铺盖板即使发生破损，也不易发生事故。

　　在地铁工程中，通常使用钢铺盖板（图 2-1）或铸铁铺盖板。而钢筋混凝土铺盖板及钢-混凝土合成铺盖板虽然强度高，表面安全性与混凝土等同，车辆行走时噪声小，但与其他铺盖板相比，有重量大的缺点。

图 2-1　钢铺盖板的基本样式

2.4　铺盖板的设计

2.4.1　相关规范和结构设计要求

　　目前我国钢结构的设计理念还没有完全统一，存在两种设计方法并行的局面。根据《公路桥涵钢结构及木结构设计规范》JTJ 025－1986 的规定，桥涵钢结构计算采用容许应力法，而根据《钢结构设计规范》GB 50017－2003 的规定，钢结构计算采用极限状态设计方法，分别按照承载能力极限状态和正常使用极限状态进行设计。由于铺盖板用于临时路面，其工况与功能更接近于公路桥梁，因此，装配式铺盖板设计主要参照《公路桥涵钢结构及木结构设计规范》JTJ 025－1986，采用容许应力法进行设计。

　　铺盖板设计所采用的地面汽车荷载包括车辆荷载和车道荷载，应根据工程所处位置的城市道路等级合理选取，并满足相关规定。

　　在铺盖板设计中，主要遵循以下设计要求：

　　1）铺盖板及其连接构件的设计使用年限暂定为 10 年，具体使用年限根据铺盖体系的使用情况确定。

　　2）铺盖板及其连接构件应按施工及使用时相应的荷载工况进行验算。

　　3）铺盖板及其连接构件的静活载允许挠度为 $L/600$（L 为铺盖板长度）。

　　4）对于有两个方向车辆行驶的路段，铺盖板及其连接构件均需要进行这两个方向的计算和验算。

　　5）铺盖板及其连接构件布置满足施工方便的原则，包括施工出土、进料、施工机械的操作空间等方面的要求，且满足日常检验方便的原则。

　　6）铺盖板及其连接构件均应进行防锈处理，主要受力构件应进行防火涂装。

2.4.2　铺盖板结构形式及设计参数

1. 结构形式

铺盖板是一种安装在开挖的地下工程、道路工程的地面上的盖板，铺盖板基本构件包括板体、减振垫块、螺栓连接扣件以及定位角钢四部分。板体包括面板和底板，在面板和底板之间通过若干个相互平行安置的支撑筋板固定连接成空心结构的整体；且面板和底板之间的四周设有固定连接的护板，在面板的上表面上设有防滑用的花纹或图形，在底板下表面的四角上设有与其固定连接的减振垫。铺设在普通的支撑梁上，支撑梁安放在地基上，确保道路交通的正常运行，可达到城-A级道路标准。

2. 设计参数

根据路面荷载情况并结合其他国家的使用经验，铺盖板尺寸多为 3000mm×1000mm×200mm 或 2000mm×1000mm×200mm 的矩形铺盖板，据此，划分长度为 2m 的 I 型铺盖板和 3m 的 II 型铺盖板两种。考虑到出土进料口的布置情况，主要采用 2000mm×1000mm×200mm 型号。在此基础上，考虑特殊铺设位置，将铺盖板分为标准板和异形板两种规格，标准板尺寸为 2000mm×1000mm×200mm，平行于道路方向铺设，高程与现有的道路高程一致；异形板根据铺设部位不同，采用相应的尺寸设计。

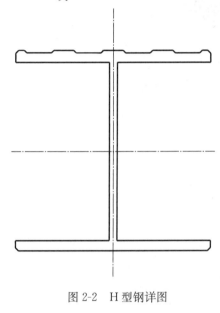

图 2-2　H 型钢详图

以标准板为例，铺盖板板体采用 5 根焊接 H 型钢焊接而成，四周焊接 6mm 钢板。铺盖板采用的焊接 H 型钢上翼缘为带有格状凹槽的轧制钢板，如图 2-2 所示。

连接扣件螺栓采用 A 级精制螺栓，并采用平垫圈＋双螺母紧固，连接扣件与铺盖板底部焊接，焊缝高度为 6mm。

标准铺盖板详图如图 2-3 所示。

2.4.3　铺盖板材料及表面构造

铺盖板是铺盖体系中的重要构件，直接承担路面荷载，这就对其强度和刚度提出了一定的要求。此外，作为临时路面结构，对其抗滑性能也提出了一定的要求。

根据《城市桥梁设计规范》CJJ 11－2011 城-A 级汽车荷载的规定，按照车辆行进方向与铺盖板平行和垂直，分别进行了不利荷载布置及计算。经过计算，选用匹配的 H 型钢作为铺盖板的主材，可以满足铺盖板强度和刚度要求。

针对铺盖板的抗滑性能，研发了两种表面构造形式的铺盖板。

1）表面凹凸处理的铺盖板

加工铺盖板所采用的工字钢是钢铁公司专门研制的特种型钢，其表面是经滚压而成的凹凸状的格状物纹路，具有防滑功能，并有利于涂刷抗滑涂层，加工完成并涂刷抗滑涂层后用于行车道上的铺盖板在摩擦抵抗性能等方面应满足道路规范的相关要求。

2）表面铺膜处理的铺盖板

此外，还研发了带有防滑功能的铺装材料 NS 涂膜的铺盖板。如果需要大型荷重用的高强度、高刚性的铺盖板，或者需要粉刷铺盖板，可与生产厂家另外商谈定制。表面处理过的铺盖板如图 2-4 所示。

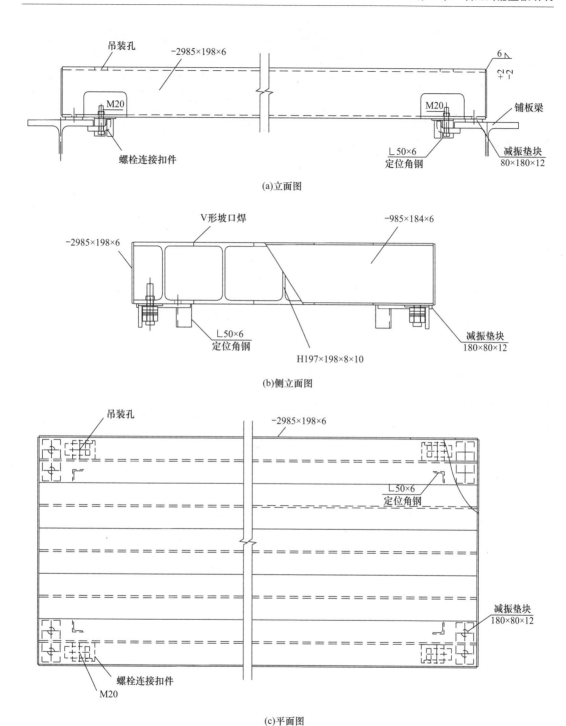

(a)立面图

(b)侧立面图

(c)平面图

图 2-3　标准铺盖板（单位：mm）

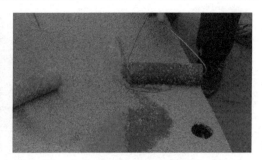

(a)表面凹凸处理的铺盖板　　　　　　　　　　(b)表面铺膜处理的铺盖板

图 2-4　铺盖板

2.4.4　铺盖板的特征

综合考虑强度、刚度、使用年限、成本等因素，优先选用钢制铺盖板。钢制铺盖板经滚压工艺处理，表面呈凹凸状，具有一定的防滑功能。钢制铺盖板主要具有以下优点：

1）强度高，刚度大：日本构成铺盖板的工字钢，使用的是焊接构造的热间滚压钢材SM490，该种钢材不仅重量轻而且强度高。此外，与日本《道路桥梁规范》中的（T-25）荷载长期许容应力度相符。

2）优秀的防滑效果：在铺盖板的表面，因存在滚压出凹凸的格子，所以盖板具有很高的摩擦抵抗性能，使之能充分发挥其防滑功能。此外，在城市的十字路口，交通流量大的道路上，如果有需要防滑和减少噪声的情况，可使用研发的耐磨耗性且防滑性高的防滑铺装（NS涂膜）。

3）满足城-A级道路标准：道路铺设在普通的支撑梁上，支撑梁安放在地基上，确保道路交通的正常运行，可达到城-A级道路标准。

4）抗冲击能力强：能充分抵抗施工及材料搬运时的偶然冲击。

5）便于安装维修：安装简便牢靠，可长时间使用，便于维护检修。

6）低噪声：车辆行驶时没有额外噪声。

7）高稳定性：安全稳定性高，即使受损也不易发生事故。

8）可作为悬吊结构：可以将地下电力、通信、燃气、上下水等各种管线悬吊在铺盖板下。

2.5　铺盖板性能测试

为了验证和评测研发的铺盖板各方面的性能，委托钢材厂家加工了一批试验铺盖板，如图 2-5 所示。并由有资质的实验室对铺盖板进行了强度、刚度、摩擦性能、振动、噪声等一系列性能试验，结果均可满足国家相关规范和规程的要求。

2.5.1　路面抗滑监测理论

路面抗滑性能是指车辆轮胎受到制动时沿表面滑移所产生的力，是保证公路行车安全及维护必要的允许行车速度的一项重要指标。

(a)表面凹凸处理的铺盖板　　　　　　　　　　　　(b)表面铺膜处理的铺盖板

图 2-5　试验铺盖板图

路面抗滑性能包括横向抗滑性能和纵向抗滑性能，其表征量分别为横向摩擦系数（CFT）和纵向摩擦系数（CFL）。横向摩擦系数决定车辆的方向控制能力，尤其对车辆在弯道行驶的安全性非常重要；纵向摩擦系数决定车辆在刹车时的滑行距离，对避免追尾交通事故的发生有直接的决定作用。我国规范采用横向摩擦系数、摆式值和路面构造深度值作为路面抗滑性能的评价标准，对于路面摩擦系数的检测与研究也以横向为主，国内纵向摩擦系数检测设备很少，因此，关于纵向摩擦系数方面的研究非常薄弱。但纵向摩擦系数作为路面抗滑性能的一个方面，其对交通事故的发生有着极为重要的影响，且在国外已广泛把纵向摩擦系数作为路面的抗滑性能指标之一。

路面与轮胎间的摩擦力组成分为三个主要的部分：一是附着分量 F_A，即轮胎与路面不同尺度粗糙凸起之间抗剪阻力水平分量之和；二是滞阻分量 F_B，即由轮胎橡胶皮滑过路面时由于弹塑性变形滞后能量损耗所引起的摩擦力；三是凝聚力分量 F_C，这是破坏橡胶轮胎的凝聚力而产生的摩擦力。路面与轮胎间的摩擦系数采用下式计算：

$$\mu = \frac{(F_A + F_B + F_C)}{F_Z}$$

式中，F_Z 为路面与轮胎接触面的垂直荷载。

从式中可看出，路面抗滑性能的影响因素，从本质上来说就是对路面与轮胎间的摩擦力分量 F_A、F_B、F_C 有影响的因素，主要包括以下四个方面：

1）轮胎：轮胎的类型、花纹、充气气压、胎面磨损等对 F_A、F_B、F_C 的产生都有较大影响。

2）路面：路面的不同尺度粗糙凸起对 F_A 和 F_B 的产生有至关重要的作用，产生影响作用的凸起包括路面的细构造与粗构造。

3）路面与轮胎间介质：路面与轮胎间的水膜、路表污染物等对路面与轮胎的接触形式有很大影响。

4）行车速度：行车速度对路面与轮胎间的接触面积有很大影响。

进一步的，横向力系数 SFC 是作为竣工验收或使用期评定路面抗滑能力的依据，需采用安装有标准试验轮胎的测定车进行测定，其计算公式为：

$$SFC = \frac{F_S}{W}$$

式中，F_S 为轮胎收到的侧向摩阻力；W 为试验轮上的载重。

2.5.2 影响路面抗滑性的路面构造

路面的抗滑性能与路面构造有关。根据构造尺度大小、形状、分布及作用可将这种几何不规则度细分为微观构造（micro-texture）、宏观构造（macro-texture）、大构造（mega-texture）和不平整度（unevenness）四类。其中前两类是必要的构造，后两类是应避免的构造。分类方式见图 2-6。

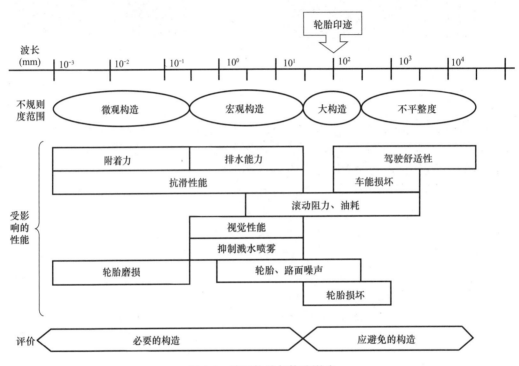

图 2-6　路面构造与构造影响

微观构造指水平方向尺度（波长）为 0～0.5mm、垂直方向为 0～0.2mm 的路表构造。其主要作用是影响低速车辆的抗滑性能。宏观构造指水平方向尺度（波长）为 0.5～50mm 的构造，其波幅（竖向尺寸）为 0.2～10mm。宏观构造对路面使用品质的影响是多方面的。因其有利于抗滑性能和视觉性能的改善而对安全性有较大贡献，这是宏观构造诸多作用中最为重要的。宏观构造可以造成轮胎橡胶变形和迟滞能量损失而产生摩擦力，但更重要的是它可以在轮胎与路面的接触界面上提供有效的泄水通道，使轮胎与路面能处于"干燥接触"状态，因而能减缓路面抗滑力在高车速下的衰减并能抑制水漂现象的发生。路面细构造决定了低速情况下的路面抗滑能力，但随着行车速度的增大，粗构造对路面抗滑性能的贡献比例变大，在高速情况下，粗构造对路面抗滑性能有着至关重要的影响。图 2-6 为路面构造与功能影响图。

2.5.3 目前检测方法的局限性及新方法的探索

目前路面的抗滑性能检测都是基于水泥或沥青路面制定的，如：铺砂法测定路面构造深度试验、车载式激光构造深度仪测定路面构造深度试验、摆式仪测定路面摩擦系数试验方法、单轮式或双轮式横向力系数测试系统测定路面摩擦系数试验方法等对于本工程铺盖板试验都不适用。目前需要新的监测手段和方法来评估特制钢板路面的抗滑性能。

调研表明，对于水泥路面有以下结论：

1) 在相同构造条件下，行车速度与路面纵向摩擦系数表现出良好的相关性，纵向摩擦系数随着速度升高而降低。在 50~90km/h 速度区间纵向摩擦系数的下降速率大于 10~50km/h 速度区间。

2) 路面粗构造在高速情况下对路面纵向摩擦系数的影响显著，是高速情况下路面纵向抗滑性能的最主要贡献因素，且随着速度的增加，路面粗构造对整体纵向抗滑性能的贡献比重逐渐增大。

3) 通过分析刻槽参数中每一单因素（槽型、槽宽、槽深、槽间距和槽走向）对路面抗滑指标（摩擦系数类指标、构造深度等指标）的影响，得出：

(1) 槽型的变化对抗滑性能无明显影响，换句话说，从提高抗滑性能的角度选择槽型意义不大。

(2) 从理论上分析，构造深度随着槽宽的增大而变大。槽距一定，槽宽越大，则摩擦系数越大。但是，槽宽应有一定的限度，槽宽以 5mm 为宜。

(3) 从理论上分析，构造深度随着槽深的增大而变大，对摩擦系数（或横向力系数）似乎没有影响。

(4) 从理论上分析，构造深度随着槽间距的增大而变小。槽宽一定，槽距越小，摩擦系数越大。然而，槽间距也不是越小越好，刻槽间距应以 20mm 为宜。

(5) 从理论上分析，槽走向不影响构造深度值，主要影响制动力方向。横向刻槽主要增加纵向制动摩擦力而纵向刻槽能大大增加转向摩擦力，即横向刻槽能缩短制动距离而纵向刻槽能防止侧滑。

通过以上调研认为，目前的铺盖板在其他试验无法进行的条件下，可以通过刻槽的几何参数尤其是槽深的变化来间接判断铺盖板的抗滑性能。通过测量格构在不受交通影响情况下的原始深度和受交通影响后深度，并将前后的值对比来反映铺盖体系受磨损的情况。原始深度应选围栏内受磨损较轻处的格构来进行测量；对于受交通影响的，应选车流较为密集的部位及刹车部位进行测量，不同格构应大致在一个方向上。

2.5.4　铺盖板路面抗滑性能测量方法

为解决上述技术问题，发明了一种简单、实用方便的铺盖板路面抗滑阻力系数的检测方法，即测量格构深度。

这种方法的步骤是：

1) 根据铺盖板出厂检测资料，确定铺盖板的横向摩擦系数和纵向摩擦系数的初值，以及光滑钢板的横向摩擦系数和纵向摩擦系数；

2) 根据铺盖板出厂检测资料，确定铺盖板初始格构尺寸参数；

3) 测量正在使用的铺盖板的格构尺寸参数，计算磨损率；

4) 选用一种数学插值方法，插值对象为当前铺盖板的横向摩擦系数和纵向摩擦系数，插值条件为当前磨损率和初始及光滑状态时的横向摩擦系数和纵向摩擦系数，然后计算得出正在使用的铺盖板的抗滑参数。

计算磨损率的方法为：（初始格构深度－当前格构深度）/初始格构深度。

图 2-7 为实际测量格构尺寸的照片。

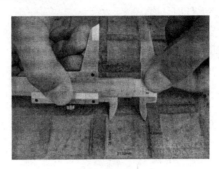

图 2-7　测量格构尺寸

与现有技术相比，这种铺盖板路面抗滑阻力系数的检测方法，在无现有规范的情况下，用简单的方法检测出铺盖板路面的抗滑阻力系数，操作步骤简单，很适宜大范围推广应用。

2.5.5　抗滑性能现场测试

为评价铺盖板抗滑性能，进行了现场磨损率测试。根据磨损率得出受东西和南北双向交通流影响的区域，磨损最为严重，达到了 7.01%，其次是南北单向交通车流量大的区域，磨损也比较严重，为 5.94%。当无更好办法检测铺盖体系路面抗滑性能时，可以通过评估盖板刻槽磨损情况来间接判断。通过分析目前检测点盖板磨损率，其数值大多在 10%以内，对低速车辆行驶抗滑性能影响不大，满足使用要求。

对于磨损较大区域可以采用以下两种措施之一进行处理：将磨损较大铺盖板更换为新铺盖板或者限制行车速度不超过 35km/h，以确保行车安全。

2.6　本章小结

本章依次对装配式铺盖板的研究现状、设计原则、设计内容、性能测试进行了阐述，装配式铺盖板具有灵活轻便、架设方便、便于悬吊管线、路面效果好、文明施工程度高、易拼装施工、容易重复利用率高等优点，可以减少车站施工中对路面交通和周边环境的影响，维持地面交通畅通。

本章参考文献

［1］　霍亚超．明盖结合装配式铺盖法地铁车站施工几个关键问题研究［D］．北京：北京交通大学，2012.

［2］　吴林林，刘力，高辛财．地铁车站装配式铺盖体系设计［J］．都市快轨交通，2010，23（3）：86-90.

［3］　高健．装配式铺盖法施工技术在我国的应用分析［J］．科技致富向导，2015（5）：170-170，335.

［4］　袁大军，段莘，罗富荣，等．装配式铺盖法修建地铁车站技术［J］．现代城市轨道交通，2008（3）：32-34，89.

［5］　北京首钢机电有限公司，北京市轨道交通建设管理有限公司．铺盖板：CN200720187352.8［P］．2008-12-03.

［6］　李琳．装配式铺盖法轨交地下车站支撑体系稳定性控制［J］．中国市政工程，2013（5）：60-62，106.

［7］　刘力．装配式铺盖法设计及在北京地铁工程中的应用［J］．山西建筑，2010，36（16）：309-311.

［8］　徐加民．引进装配式铺盖法修建地铁车站［J］．地下工程与隧道，2009（2）：17-19，52.

［9］　王文正，孔恒，韩雪刚．装配式铺盖法修建地铁车站施工关键技术［J］．施工技术，2014，43（S2）：129-135.

第3章 装配式铺盖法的结构形式

3.1 概述

装配式铺盖法的结构体系包括基坑支护体系和铺盖体系。基坑支护体系承受周边土、水作用及基坑上超载，铺盖体系作为保证交通的工具，主要是承受车辆荷载。通过对铺盖体系构件的布置的合理设计，提出满足施工需要和结构受力要求的结构形式，是确保施工过程中的基坑和人员安全的前提。

3.2 地铁车站修建方法及结构形式的选择原则

地铁作为轨道交通的一种形式，由于具有运量大、环保、舒适、方便、快捷等优点，逐渐成为各城市优先发展的公共交通形式。地铁车站是地铁工程的重要组成部分，其施工难度大、标准高、工期长，并且施工期间对周边环境和居民的生活影响也较大，因此，在地铁车站施工时，要根据工程所在地的工程地质、水文地质、周边环境、地表沉降控制要求、地表交通状况、施工技术水平等情况，因地制宜，进行技术经济比较，选择相对较为合理的施工方法。

地铁车站大多位于城市中心区，因此，地铁车站施工方法及支护结构形式的选择主要根据以下几个方面综合比选确定：1）车站功能，主要从车站使用效果和运营条件两方面来体现，而车站使用的效果又体现在客流组织及集散能力、设备用房布置、运营管理和地下空间利用等综合功能方面；2）施工难度，主要从工程本身的施工难度、施工前期准备工作实施的难易程度、工期及施工安全等方面来评价，具体体现在施工技术的成熟性、地面沉降的控制、建筑物拆迁、管线迁改移及保护等方面；3）施工对环境的影响，着重体现在对城市交通的影响、对城市居民生活的影响、对商业经营活动的影响以及对环境的污染等方面。

3.3 装配式铺盖法的结构体系

装配式铺盖法综合明挖法和盖挖法的优点，适用于周围建筑物密集、交通繁忙、管线较多、水位较深的浅埋地铁车站等都市大型地下构筑物的施工。相对于明挖法，首先是可以减小对周围环境的交通影响，在铺盖板上设置车道，可以保证交通通行；由于占地时间减少，对周围商家的影响减小，实现部分铺盖后，各种施工粉尘和噪声降低，社会效益较好。同时实现了铺盖体系和内支撑体系等构件的标准化，可以实现重复利用，减少材料浪费，长期造价降低。相对于暗挖法，施工环境得到明显改善，减少了对工人的身体伤害，加快了施工进度，同时结构受力体系转换较好，施工安全度提高。工期的缩短可以及时地恢复交通，减小对周围环境的影响。

装配式铺盖法的结构体系包括基坑支护体系和铺盖体系。基坑支护体系承受周边土、水作用及基坑上的荷载，铺盖体系作为保证交通的工具，主要是承受车辆荷载。基坑支护体系需要采用围护桩（墙）加内支撑体系或者是围护桩（墙）加土钉墙或者是锚杆体系。围护桩（墙）可以是钻孔灌注桩、地下连续墙等形式，内支撑体系可以是钢支撑、混凝土支撑或者是钢筋混凝土支撑。究竟采用哪种形式，视基坑尺寸和周围环境而定，在城市地铁车站建设中采用围护桩（墙）加内支撑体系的形式更为常见。铺盖体系就是由中间桩、梁支撑、铺板梁、铺盖板及中间桩稳定体系构件等组成。可以认为明盖结合装配式铺盖法是传统明挖法结构形式与装配式铺盖法的有机结合。

装配式铺盖法结构体系的设计和施工以确保施工过程中的基坑和人员安全为原则，以实现铺盖体系和中间桩稳定为目标。体系的基本原理为：在城市路面下方地下构筑物结构开挖施工过程中，以围护桩（墙）和钢支撑作为基坑的支护体系，承担基坑周围土体荷载，以铺盖体系来承担路面荷载。中间桩间增加了纵向连接构件、剪刀撑、端头横撑、横向桩间支撑等构件，增强了中间桩的稳定性；铺盖体系各构件之间采用螺栓连接，各加劲构件采用焊接连接，使铺盖体系成为一个有效整体；中间桩和钢支撑通过翼板焊接连接，铺板梁和冠梁锚栓连接，增强了整个体系的刚度和稳定性。

3.4 铺盖体系的结构形式及组成构件

明盖结合的结构形式也有一定的缺点，首先，施工难度增加，在铺盖板下拆除和移动钢支撑及围檩都不方便；在浇筑结构混凝土时，也受到铺盖板及中间桩稳定性构件等的影响；同时在浇筑侧墙时用的模板台车在一个作业段使用后，在铺盖板下无吊装作业条件，且底板施作后，滚动不便，无法及时地投入到下一个作业段使用，延误工期。其次，辅助工序增加，交通导改次数增多，交通导行时要施作挡土墙，用作临时铺盖体系和临时路面结构的分隔设施，同时路面结构无法一次恢复成永久路面，增加了开挖和回填次数。最后，明盖结合形式工期相对明挖法工期要长，施工困难和工序的增加不可避免地将会延长工期，同时单次造价也比明挖法略高。

但是采用明盖结合的装配式铺盖法符合目前我国的国情，通过对铺盖体系构件的布置的合理设计，提出满足施工需要和结构受力要求的结构形式，是实施和推广装配式铺盖法的重要课题。

装配式铺盖法的基本组成构件主要包括铺盖板和铺盖支撑体系（图 3-1），其中铺盖支撑体系又包括铺盖板支撑梁、梁支撑、承载桩（包括主桩和中间桩）、水平支撑和斜支撑。铺盖板作为地上构件，用于铺设路面（临时路面）；铺盖支撑体系作为地下构件，除用于支撑铺盖板以外，铺盖板支撑梁还可用于地下管线悬吊。梁支撑和主桩除用作支撑结构外，还可用作基坑围护挡土结构。

3.4.1 铺盖板选型

铺盖板是铺盖体系中的最主要构件之一，用于铺设路面（临时路面），其刚度、强度要满足适用要求。此外，作为交通路面结构，其抗滑功能也要满足相应的要求。

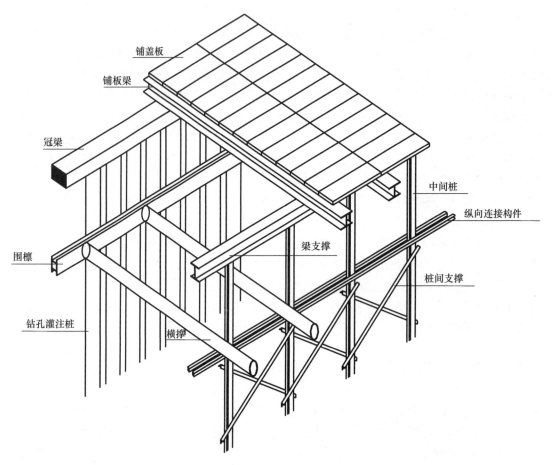

图 3-1　铺盖体系的结构形式及组成构件示意图

铺盖板设计及研发已在第 2 章中详细阐述，铺盖板的选型应综合考虑成本、强度、刚度、使用年限等因素，推荐使用钢制铺盖板。钢制铺盖板主要材料是表面经滚压而成凹凸状的、具有防滑功能的特殊工字钢，将工字钢按照一定的规格切成 5 段，并排铺好焊接成一体，其侧面再用其他钢材封闭。铺盖板需具备以下特点：

1）强度高，刚度大；

2）防滑效果好。

3.4.2　铺盖支撑体系

铺盖支撑体系是指由纵撑、横撑、斜撑及角撑、中间桩共同组成的临时荷载承担体系。纵撑将由挡土结构传来的荷载均匀地传递给横撑；横撑为纵撑的横向连接结果，必须具有在轴力作用下不发生失稳破坏的截面形式和刚度；斜撑及角撑是保证传递荷载的对称结构构造；中间桩为整体铺盖体系的主要受压构件，外部荷载由上部铺盖板传递到铺板梁及梁支撑，再传递到临时中间桩，临时中间桩不仅要满足强度、刚度的要求，更重要的是保证稳定性要求。

1. 铺盖支撑体系设计原则

1）纵撑

（1）必须具有能够把挡土墙传来的荷载均匀地传递给横撑所具备的刚度和密接性。

（2）各段的纵撑所用荷载必须是开挖以及构筑本体阶段最不利的荷载。

（3）设计纵撑时，应以横撑所在位置为支点，按简支梁设计计算。

（4）纵撑垂直间距的确定，应考虑荷载的大小、挡土墙的强度和刚度以及施工的方便性等因素。

2）横撑

（1）要求必须具有在轴力的作用下不发生失稳破坏的截面形式和刚度；当横撑长度较长时，必须采用中间桩或补钢材等补强措施。

（2）原则上在横撑上不可有其他荷载作用，如因特殊原因需要加载时，必须以轴力和弯矩进行设计验算。

（3）原则上横撑不设连接，如因特殊原因需要设置时，必须进行补强，确保满足强度要求。

（4）横撑与纵撑的连接部位，必须是不产生松动的构造。

3）斜撑及角撑

（1）必须能够保证传递荷载的结构构造。

（2）必须是对称结构，并按单纯受压构件设计。

4）中间桩

（1）中间桩必须能够承担路面荷载，铺盖板及其支撑梁，以及悬吊梁和被悬吊埋设的荷载。

（2）中间桩宜采用斜撑加强纵向刚度，斜撑必须在与其他构件接触的部位紧密连接。

2. 铺盖支撑体系选型

铺盖体系方案的核心是中间桩的布置，其他构件的选型都与中间桩的布置形式密切相关。中间桩的布置方案主要体现在横向布置和纵向间距两个方面。从施工便利、管线悬吊、推广应用等方面进行考虑，并结合国外成熟的技术经验，推荐采用单道中间桩，中间桩间距为 4m，小型挖掘机械可以在中间桩之间穿行。

设计过程中对中间桩与永久柱是否结合的问题也进行了深入研究。如果中间桩与中柱结合，可减少型钢的废弃量，比较经济，但梁柱节点处理比较复杂，施工质量难以保证。临时中间桩与中柱不结合，构件功能明确，主体结构梁柱节点简单，施工质量易于保证。通过对其他地区装配式铺盖法的调研，没有将中间桩与永久柱结合的先例，宜采用成熟的施工经验，因此，不建议采用中间桩与永久柱结合的形式。

3. 铺盖体系选型

为方便铺盖板铺设，在车站纵横方向分别设置了梁支撑和铺板梁。梁支撑架设在中间桩上，沿车站纵向设置，选用型钢 H700mm×300mm×13mm×24mm。在梁支撑上，分段架设铺板梁，铺板梁通过螺栓与梁支撑连接，在靠近基坑的两侧，铺板梁搭在冠梁上，在标准段选用型钢 H700mm×300mm×12mm×30mm，在端头盾构井加宽段，选用型钢 H700mm×300mm×14mm×32mm，铺板梁水平间距与铺盖板模数相匹配，采用 3m 间距。铺盖板通过特制的扣件与铺板梁连接。

3.5 与铺盖法相适应的基坑围护结构形式

3.5.1 围护结构设计要求

基坑支护作为一个结构体系，应满足稳定和变形的要求，即通常规范所说的两种极限状态的要求，承载能力极限状态和正常使用极限状态。所谓承载能力极限状态即基坑支护结构破坏、倾倒、滑动或周边环境的破坏，出现较大范围的失稳。

一般的设计要求是不允许支护结构出现这种极限状态的。而正常使用极限状态则是指支护结构的变形或由于开挖引起周边土体产生的变形过大，影响正常使用，但未造成结构的失稳。因此，基坑支护设计相对于承载力极限状态要有足够的安全系数，不致使支护结构产生失稳，而在保证不出现失稳的条件下，还要控制位移量，不致影响周边构筑物的安全使用，即在使用极限状态之内。因而，作为设计的计算理论，不但要能计算支护结构的稳定问题，还应计算其变形，并根据周边环境条件，控制变形在一定的范围内。

对于一级基坑的最大水平位移，一般不大于 30mm，对于较深的基坑，应小于 0.3% H（H 为基坑开挖深度）。对于一般的基坑，其最大水平位移不宜大于 50mm。一般最大水平位移在 30mm 内地面不致有明显的裂缝，当最大水平位移在 40～50mm 会有可见的地面裂缝，因此，一般的基坑最大水平位移宜控制不大于 50mm，否则会产生较明显的地面裂缝和沉降，感观上会产生不安全的感觉。

一般较刚性的支护结构，如挡土桩、连续墙加内支撑体系，其位移较小，可控制在 30mm 之内；对于土钉支护，除地质条件较好，且采取超前支护、预应力锚杆等加强措施后可控制位移较小外，一般都会大于 30mm。

3.5.2 基坑围护结构选型

要合理选择基坑支护的形式，一方面要深刻了解各种支护形式的特点，包括其合理性、优点和缺点；另一方面要结合地质条件、周边环境和工程造价进行综合考虑，因此，大的原则应主要考虑 3 个方面：

1）不同基坑围护形式的特点；

2）地质条件和周边环境；

3）工程造价。

基坑围护形式的特点及适用范围：

1）放坡适用于场地开阔、无变形控制要求的情况，造价低。

2）土钉支护一般适用周边构筑物少、地质条件较好的情况，软土或砂层地质要慎用或采取加强型方案。土钉支护位移控制缺乏合理的计算理论，因此，对位移有严格要求的场地应慎用，造价较低。

3）排桩支护刚度好，适应性广，结合桩间止水也可用于砂层，止水效果没有连续墙好，造价低于连续墙而大于土钉墙。

4）地下连续墙通常连续墙的厚度为 600mm、800mm、1000mm，也有厚达 1200mm 的，但较少使用。地下连续墙刚度大，止水效果好，是支护结构中最强的支护形式，适用于地质条件差和复杂，基坑深度大，周边环境要求高的基坑支护，但造价较高，施工要求专用设备。

5）重力式搅拌桩挡土结构。一般适用于 7m 以内的软土地基基坑，且周边对位移要求不很高的情况。

综上所述，考虑到水文地质条件、场地实际状况及工程造价等方面，对车站的基坑围护结构形式选型，在城市地铁车站建设中，除地质条件差、复杂，基坑深度大，周边环境要求高的基坑支护工程，优先推荐采用排桩支护＋内支撑的支护体系。如表 3-1 所示为北京地铁 9 号线丰台北路站工程的围护桩类型，围护桩平面布置如图 3-2 所示。

北京地铁 9 号线丰台北路站工程围护桩分类表　　　　表 3-1

围护桩类型	规格	孔深（m）	成孔工艺	工程量（个）
车站南端桩 A	$\phi1000@1500$	33.5	人工挖孔＋旋挖钻机	57
车站标准段桩 B	$\phi1000@1800$	22.6	人工挖孔	154
车站北端桩 C	$\phi1000@1400$	24.2	人工挖孔	70
总计				281

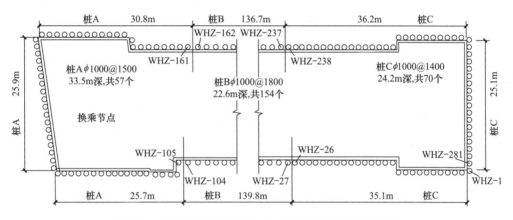

图 3-2　北京地铁 9 号线丰台北路站工程围护桩平面布置

3.6　标准临时构件的加工制作方法

3.6.1　铺盖板生产工艺流程

装配式铺盖法中的标准临时构件为标准铺盖板，铺盖板表面采用特殊防滑凸凹处理，具有很好的抗滑性能，采用特殊工字钢加工，可以重复使用。铺盖板的生产工艺流程如下：

1）下料：将表面经滚压而成凹凸状的、具有防滑功能的特殊工字钢，按照一定的规格切成 5 段；

2）点焊：并排铺好焊接成一体；

3）钻孔：在工字钢相应位置钻吊装和安装孔；

4）工字钢之间焊接；

5）封端焊接：侧面用钢材封闭；

6）打磨边缘，安设橡胶垫、编号出厂。

3.6.2　铺盖板的形状与种类

构成铺盖板的主要材料是表面经滚压而成凹凸状的、具有防滑功能的特殊工字钢。将工字钢按照一定的规格切成 5 段，并排铺好焊接成一体，其侧面再用其他钢材封闭。

铺盖板的种类，按规格分主要有长度为 2m 的 I 型和 3m 的 II 型两种。

此外，如有防滑需求，可采用带有防滑功能的铺装材料 NS 涂膜的铺盖板。如果需要大型荷重用的高强度、高刚性型的铺盖板，或者需要粉刷铺盖板，可与生产厂家商谈定制。

3.6.3　铺盖板的工字钢尺寸

加工铺盖板所采用的工字钢是钢铁公司专门研制的特种型钢，其表面的格状物纹路具有抗滑性能，并有利于涂刷抗滑涂层，加工完成并涂刷抗滑涂层后用于行车道上的铺盖板在摩擦抵抗性能等方面应满足道路规范的相关要求。

3.7　标准临时吊装保护构件

3.7.1　临时吊装保护构件

在日本，用于管线悬吊的保护方法有：铺盖板支撑梁悬吊保护、专用梁悬吊保护、临时支撑保护、金属托座防护、更换管材保护、分段开挖保护等。主要构件有悬吊梁、半圆木、钢丝绳、松紧螺丝扣、钢丝夹、钢丝绳夹、钢线、夹板等，构件较重或较大时，采用吊筋悬吊、槽钢承托等，在桩位置采用三脚架进行承托，三脚架上焊接槽钢防止管线左右移动（图 3-3）。

结合北京地铁 9 号线丰台北路现场试验，研发了一种临时吊装保护构件，其基本原理为：利用双合抱卡锁定管口（图 3-4），在铺板梁上焊接 20 号工字钢作为悬吊管线的横梁（图 3-5）；利用吊架承托管线；在中间桩位置做支架（图 3-6），承托和防止管线移动；在管线甩头用 8 号槽钢做成角钢笼将甩头和主管道裹住（图 3-7）。

本次试验管线为 $\phi400$ 中水管线，20 号工字钢悬吊梁间隔 1.5m 设置，其位置要与管口至管口间平直段对应。吊架由两根 $\phi18$ 钢筋吊杆（图 3-8）、两个花篮螺栓、一个 10 号槽钢底托及两块戗木组成（图 3-9），上述部件为一组。支架下部为 8 号槽钢焊接成的三脚架、三脚架上用 8 号槽钢焊接两道竖杆，将管线夹在中间。角钢笼也是用 8 号槽钢焊接，满足将主管道和甩头连接的需要。

3.7.2　制作方法

20 号工字钢悬吊横梁两端采用焊接方法与铺板梁连接。悬吊时，将覆土挖至管半径处，沿管身平直段对应管线悬吊横梁位置挖槽至管底以下 50cm。在横梁上焊接两个吊钩，将花篮螺栓一端挂于吊钩，另一端与 $\phi18$ 钢筋吊杆相连，钢筋吊杆一端为环状，另一端

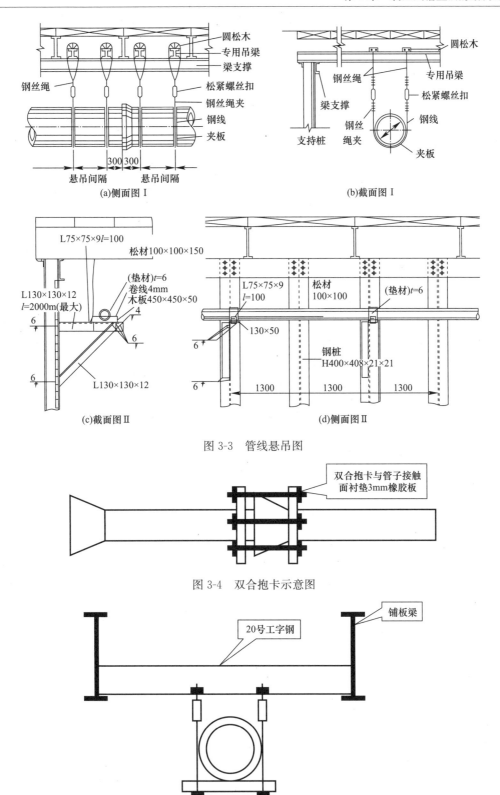

图 3-3　管线悬吊图

图 3-4　双合抱卡示意图

图 3-5　悬吊梁和吊架示意图

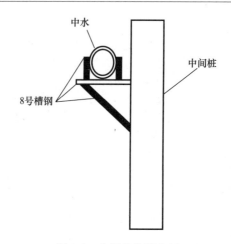

图 3-6 中间桩位置支架

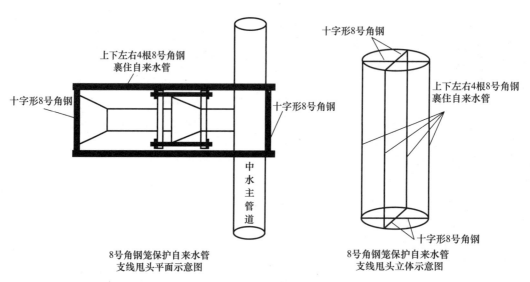

图 3-7 角钢笼图

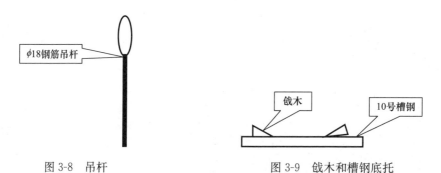

图 3-8 吊杆   图 3-9 戗木和槽钢底托

套扣。再将底托从所挖土槽于管下穿过，底托由10号槽钢及两块戗木组成，戗木嵌于10号槽钢内。10号槽钢两端设螺栓孔，吊杆穿过螺栓孔后用螺母旋紧，然后紧固花篮螺栓使其吃力（注意不要过紧，感觉稍有吃力即可），悬吊成品。待用吊架承托后，在有中间桩的位置，将8号槽钢按图焊接成型，卡死管线。事先焊好一个半圆柱形的角钢笼，待吊架施作后，将角钢笼放置好，稳定主管道和甩头，再焊接上部半圆柱角钢笼。

3.8　本章小结

　　本章对明挖法、暗挖法、盖挖法及明盖结合装配式铺盖法等地铁车站修建的一般方法进行了系统对比。对装配式铺盖法结构形式、临时支撑体系、围护结构形式、加工制作方法、吊装保护构件的设计原则和生产流程等进行了详细阐述。

本章参考文献

[1] 高江. 城市地铁车站施工方法选择研究 [J]. 工程建设与设计, 2009 (9): 128-131.

[2] 李围, 何川. 地铁车站施工方法综述 [J]. 西部探矿工程, 2004 (7): 109-112.

[3] 王元湘. 地铁盖挖法技术研究 [J]. 地下工程与隧道, 1994 (3): 10-21.

[4] 王元湘. 地铁盖挖法技术研究（续）[J]. 地下工程与隧道, 1994 (4): 7-10.

[5] 王元湘. 盖挖逆作法在我国地铁工程中的应用 [J]. 土木工程学报, 1996 (1): 3-14.

[6] 袁大军, 李兴高, 孙立. 装配式铺盖法施工技术在我国的应用分析 [J]. 建筑技术, 2009, 40 (6): 558-560.

[7] 徐加民. 引进装配式铺盖法修建地铁车站 [J]. 地下工程与隧道, 2009 (2): 17-19, 52.

[8] 袁大军, 段茜, 罗富荣, 等. 装配式铺盖法修建地铁车站技术 [J]. 现代城市轨道交通, 2008 (3): 32-34, 89.

[9] 张欢. 北京地铁丰台北路站: 首创应用装配式铺盖法施工 [J]. 建设机械技术与管理, 2014, 27 (5): 60-63.

[10] 李琳. 装配式铺盖法轨交地下车站支撑体系稳定性控制 [J]. 中国市政工程, 2013 (5): 60-62, 106.

[11] 吴林林, 刘力, 高辛财. 地铁车站装配式铺盖体系设计 [J]. 都市快轨交通, 2010, 23 (3): 86-90.

[12] 王文正, 孔恒, 韩雪刚. 装配式铺盖法修建地铁车站施工关键技术 [J]. 施工技术, 2014, 43 (S2): 129-135.

[13] 刘力. 装配式铺盖法设计及在北京地铁工程中的应用 [J]. 山西建筑, 2010, 36 (16): 309-311.

第4章 预制装配式铺盖法施工关键技术

4.1 概述

装配式铺盖法可以说是盖挖法的延伸。即以标准的铺盖板铺设路面（临时路面），维持地面交通畅通，然后凭借各种标准临时支撑及支护，保证围岩稳定，并用标准地下构筑物（管线）保护构件和管线，向下进行开挖施工。该方法在施工过程中围护结构一方面要承担侧土压力，另一方面作为铺盖体系的一部分，必须要全面考虑各种影响因素才能保证基坑及铺盖体系共同的稳定性；而铺盖体系是一个全新的体系，中桩的稳定、梁及支撑的稳定都是保证施工过程安全的必要条件。本章对施工过程中的各个方面及环节进行了全面、系统的研究，并应用新的设计及施工方法，形成了成套预制装配式铺盖法施工关键技术。

4.2 铺盖体系施工技术

铺盖体系的核心是中间桩，中间桩必须能够承担路面荷载、铺盖板、支撑梁，以及悬吊梁和被悬吊埋设的荷载。中间桩宜采用斜撑加强纵向刚度。纵向连接构件、斜撑、横撑、横向桩间支撑等构件增强了中间桩的稳定性，使铺盖体系成为一个有效整体；中间桩和钢支撑通过翼板焊接连接，铺盖梁和冠梁锚栓连接，增强了整个体系的刚度和稳定性。

4.2.1 临时中间桩施工技术

1. 临时中间桩结构形式

临时中间桩底部为钢筋混凝土灌注桩，上部为 H 型钢，H 型钢下部插入混凝土内。桩顶焊接连接板及加劲肋，临时中间桩基础采用钻孔灌注桩，如图 4-1 所示。

2. 施工工艺

1）成孔、钢筋笼下放及混凝土浇筑

临时中间桩采用复合式成孔工艺，25m 以上部分采用人工挖孔，25m 以下部分采用旋挖钻机成孔。

2）定位器安装

定位器由上部孔口平台及下部套筒组成，如图 4-2 所示。

上部平台由两层槽钢焊接而成，就位时与孔口锁口圈梁上预埋钢板焊接；下部套筒采用钢管。上部平台下焊接钢板，套筒焊接在钢板上，为保证套筒刚度，套筒四周焊接 4 块翼板加强。

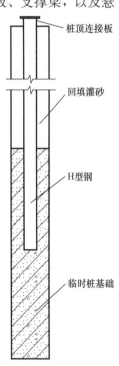

图 4-1 临时中间桩示意图

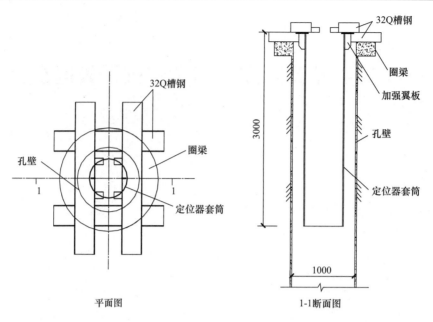

图 4-2　定位器示意图

在 H 型钢定位器上可焊微调器，对 H 型钢上端精确定位，精确校正 H 型钢顶纵轴线位置、垂直度和水平高度。同时在定位器上设置 H 型钢固定装置，将就位的 H 型钢临时固定。

定位器安装顺序如下：

（1）人工挖孔施工时，在孔口锁口圈梁上预埋钢板；

（2）定位器吊装就位，进行调平；

（3）将定位器与预埋钢板焊接。

3）H 型钢安装

H 型钢标准件有 9m、12m 等规格，临时中间桩 H 型钢需由标准件焊接而成。其施工顺序如下：

（1）H 型钢焊接加工；

（2）H 型钢由吊车吊装就位，沿定位器预留孔口缓慢下放；

（3）到预定位置时，使用定位器上微调器，精确校正 H 型钢顶纵轴线位置、垂直度和水平高度，然后利用固定装置，将 H 型钢固定；

（4）下导管，浇筑混凝土；

（5）待混凝土达到设计强度后，在 H 型钢外壁四周灌砂回填；

（6）拆除定位器；

（7）桩顶连接板及加劲肋焊接。

4）施工要点

（1）临时中间桩基础施工要点：

① 钻孔灌注桩应定位准确，桩定位中心线纵横向偏差不应超过 50mm；垂直度偏差不应大于 0.5%。

② 钢筋笼直径偏差不宜大于 10mm，钢筋笼长度偏差不宜大于 50mm；主筋间距偏差

不宜大于 10mm，箍筋间距偏差不宜大于 20mm；主筋保护层偏差不宜大于 20mm；桩底沉渣不宜大于 100mm。

③ 桩基础施工应满足桩长、桩径、混凝土强度等级等设计要求，不得有断桩、混凝土离析、夹泥等现象发生，混凝土粗骨料最大粒径不得大于主筋间最小净距的 1/3。

④ 钢筋笼按整个桩身出图，施工时宜按整桩钢筋笼吊装，若施工困难，确需分截吊装时，应与设计协商处理。钢筋笼在制作、运输、吊装过程中应采取有效措施防止钢筋笼变形。钢筋笼吊放到设计位置时，应检测其水平位置和高程是否达到设计要求，检查合格后应立即固定钢筋笼并浇筑混凝土。

⑤ 桩基础浇筑混凝土至结构底梁基底，钻孔灌注桩顶设计标高处的混凝土强度必须满足设计要求，设计标高处不得有浮渣。浇筑底梁前应清除顶部残渣、浮土和积水并凿除超高部分混凝土。

⑥ 临时中间桩基础应采用声波透射法检测桩身完整性，检测数量不应少于总桩数的 20％且不少于 5 根。

⑦ 桩基础应采用静荷载试验方法进行竖向承载力检验，每类桩同条件下的试桩数量不得少于同类桩总桩数的 1％，且不得少于 3 根。

⑧ ZH2、ZH2-1、ZH2-2 以及 ZH3 除进行竖向承载力检验外，还应通过现场单桩上拔静载荷试验确定其抗拔极限承载力标准值，若抗拔承载力不足，应立即停止后续施工，并通知设计单位以便根据抗拔力要求及时进行调整。当抗拔极限承载力标准值满足设计要求时，方可继续施作后续抗拔桩。同条件下抗拔极限承载力检测数量不少于桩总数的 1％，且不得少于 3 根。

(2) 临时中间桩的施工要点

① 临时中间桩是整个铺盖支撑体系的主要受力构件，临时中间桩的稳定性是控制整个铺盖体系的重要因素之一，临时中间桩的架立必须准确到位。

② 临时中间桩的安装允许偏差应满足：临时中间桩桩顶轴线对桩位定位轴线的允许偏差为 3mm；整根临时中间桩的垂直度允许偏差为 $h/1000$，且不大于 25mm，其中 h 为整根临时中间桩的长度。

③ 临时中间桩的桩顶标高允许偏差为 ±3mm；临时中间桩桩顶高差允许值为 3mm；临时中间桩桩上梁支撑的梁顶与基坑两侧冠梁顶高差允许值为 5mm。

④ 临时中间桩下放至钻孔内，调整好位置后立即浇筑混凝土至结构底梁基底标高，钻孔内桩基础以上用砂子填实，填砂的密实度应达到 93％，以保证中间桩的稳定性。

⑤ 基坑的开挖至钢管支撑（含端头横撑）、纵向连接构件及桩间支撑设计标高以下 500mm 时必须停止开挖并及时架设该构件，以保证中间桩的稳定性。

⑥ 临时中间桩从架设到最终拆除的整个施工过程中，对临时中间桩的监测应严格执行，确保临时中间桩的稳定性万无一失。

⑦ 施工过程中应经常对临时中间桩与其他构件的连接进行检查，如发现焊接剥离或螺栓松动，必须立即补焊及拧紧螺栓。

⑧ 施工中应注意对临时中间桩的挠曲变形的监测，临时中间桩的挠曲变形不应大于 $L/600$，其中 L 为相邻横撑中线间的临时中间桩长度（不含初始变形）。

4.2.2 梁支撑施工

1. 结构形式及施工内容

梁支撑采用 H 型钢，沿车站长度方向设置在中间桩顶部，南北端设置在冠梁上，通过预埋锚栓与冠梁进行连接。

梁支撑的施工内容包括：梁支撑与南北两端冠梁的连接、梁支撑与中间桩的连接以及梁支撑之间的连接。

2. 施工方法及工艺

1）施工方法

梁支撑的安装主要采用栓接。施工时，梁支撑 H 型钢采用汽车吊吊装就位，由北往南安装，其施工顺序为：

（1）梁支撑与北端冠梁预埋锚栓的连接；

（2）梁支撑与中间桩顶钢板通过螺栓的连接；

（3）梁支撑之间的连接。

2）施工工艺

（1）梁支撑与冠梁连接

梁支撑与南北两端冠梁通过预埋 M22 锚栓连接，锚栓以双螺母固定，防止松动。

冠梁施工时，按照施工图纸给定位置预埋 M22 锚栓，注意冠梁混凝土振捣时对锚栓采取保护措施，保证锚栓定位精度满足施工要求。

梁支撑与冠梁连接节点详图如图 4-3 所示，M22 锚栓详图如图 4-4 所示。

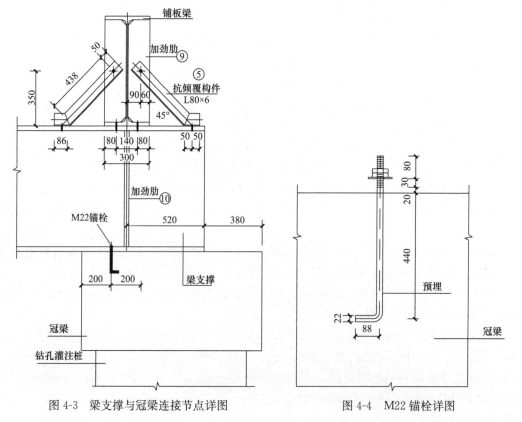

图 4-3　梁支撑与冠梁连接节点详图　　　　图 4-4　M22 锚栓详图

（2）梁支撑与临时中间桩连接

梁支撑与中间桩顶部钢板通过螺栓连接，螺栓采用 A 级精制单螺母螺栓，包括螺杆 1 个、螺母 1 个、平垫圈 2 个、弹簧垫圈 2 个。

梁支撑吊装就位后，使用力矩扳手安装单螺母螺栓。

梁支撑与临时中间桩连接节点详图如图 4-5 所示。

梁支撑与中间桩连接时，临时中间桩需在顶部焊接加劲肋。

梁支撑与中间桩连接处，以及梁支撑与铺板梁连接处，梁支撑均为焊接加劲肋，如图 4-6 所示。

（3）梁支撑之间的连接

梁支撑之间的连接，在梁支撑两侧采用两块连接板通过螺栓连接，详图如图 4-7 所示。

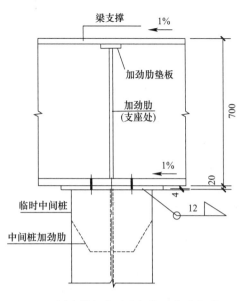

图 4-5　梁支撑与临时中间桩连接节点详图

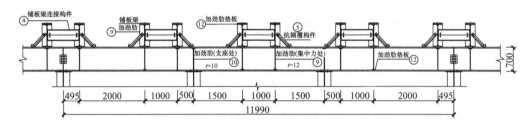

图 4-6　梁支撑加劲肋

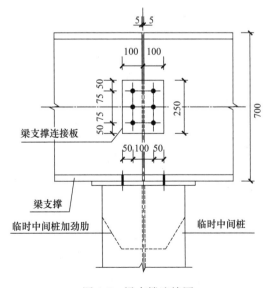

图 4-7　梁支撑连接图

4.2.3 铺板梁施工

1. 结构形式及施工内容

铺板梁采用 H 型钢等，与道路垂直布置。铺板梁铺设在梁支撑和东西两侧冠梁上，通过螺栓与梁支撑连接，通过预埋锚栓与冠梁连接。

铺板梁的施工内容包括：铺板梁与梁支撑的连接、铺板梁与东西冠梁的连接、铺板梁之间的连接、铺板梁连接构件施工以及抗倾覆构件施工。

2. 施工方法及工艺

1）施工方法

施工时采用起重机吊装就位，由北往南一幅幅施工，先用力矩扳手将铺板梁与梁支撑进行螺栓连接，或与冠梁进行锚栓连接，接着立即进行铺板梁连接构件架设和抗倾覆构件安设，其加劲肋采用焊接工艺，增强整体稳定性。其施工顺序为：

（1）铺板梁安装；

（2）铺板梁连接构件安装；

（3）抗倾覆构件安装。

2）施工工艺

（1）铺板梁与梁支撑连接

铺板梁与梁支撑通过螺栓连接，螺栓采用 A 级精制双螺母螺栓，包括螺杆 1 个、螺母 2 个、平垫圈 2 个。

铺板梁吊装就位后，使用力矩扳手安装双螺母螺栓。

铺板梁与梁支撑连接节点详图如图 4-8 所示。

（2）铺板梁与冠梁连接

中部铺板梁设置在梁支撑上，东西两端则设置在冠梁上，采用预埋 M22 锚栓进行连接。锚栓使用双螺母，防止松动。铺板梁与冠梁连接详图如图 4-9 所示。

（3）铺板梁之间的连接

南端头及北端头各有一根东西通长的铺板梁，需用单根铺板梁连接而成。铺板梁之间的连接采用连接板栓接，如图 4-10 所示。

（4）铺板梁辅助构件安装

为保证铺板梁的稳定，采用了两种辅助构件：铺板梁连接构件和抗倾覆构件。铺板梁连接构件采用槽钢，抗倾覆构件采用角钢。铺板梁连接构件和抗倾覆构件与铺板梁加劲肋进行栓接。

铺板梁辅助构件安装根据车站的不同部位分为三种情况：

① 同幅铺板梁之间采用连接构件连接

对于位于同一幅的铺板梁，各梁加劲肋之间连续采用槽钢连接构件进行栓接，如图 4-11 所示。

② 梁支撑上不同幅铺板梁之间的连接

考虑到铺盖体系分三次进行施工，不同幅铺板梁在梁支撑上连接时，两根梁为一组，梁间采用槽钢连接，两侧采用抗倾覆构件与梁支撑连接。

③ 南北端冠梁上铺板梁

　　南北端冠梁上铺板梁的固定又分为两种情况：一种情况为，一侧与其他铺板梁通过槽钢栓接，另一侧采用抗倾覆构件与梁支撑栓接或与冠梁预埋钢板焊接；另一种情况为，两侧都采用抗倾覆构件与梁支撑连接。

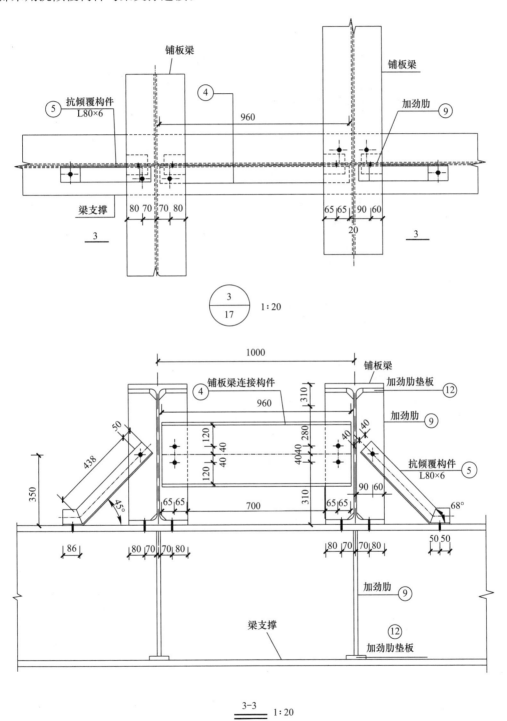

图 4-8　铺板梁与梁支撑连接节点详图

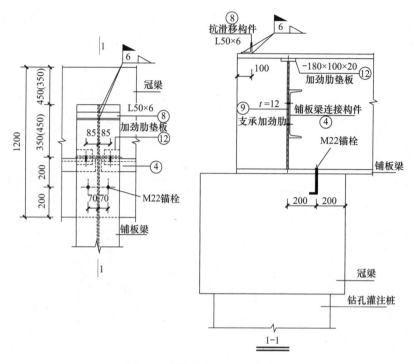

图 4-9　铺板梁与冠梁连接详图

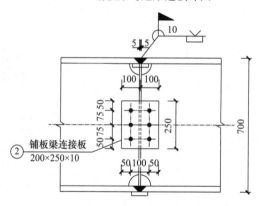

图 4-10　铺板梁连接图

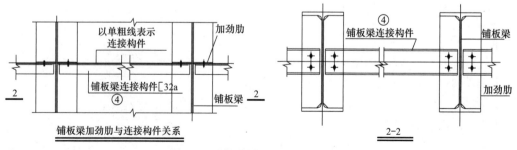

图 4-11　同幅铺板梁之间连接详图

4.2.4　铺盖板施工

铺盖板的加工制作由主业公司负责，施工单位主要负责铺盖板的现场安装。

铺盖板通过螺栓连接扣件与铺板梁连接。考虑到标准板单块重量 750kg，施工时可采用吊车吊装就位。

根据铺盖体系总体施工安排，铺盖板分三期进行，在铺板梁施作完成一个流水段（50m 左右）后，即可进行铺盖板施工，其施工顺序如下：

（1）铺盖板工厂加工、运输至现场；

（2）现场测量放线；

（3）铺盖板吊装就位；

（4）使用自动扳手紧固螺栓连接扣件；

（5）与周边原况沥青混凝土路面顺接。

质量控制要求：

铺盖板安装质量需满足任两块间错台允许值为 4mm，宽度方向任两块的间隙允许值为 4mm，长度方向任两块的间隙允许值为 5mm，拼装后的对角线差允许值为 5mm。

4.3　铺盖板防水技术

装配式铺盖法施工成功地解决了地面城市交通与施工之间的矛盾。但是，经过前期考察，该工法在施工时一旦遭遇降雨或其他地面积水，地表水会沿铺盖板安装缝隙流入基坑内，给工程质量以及施工环境带来不利影响。装配式铺盖法在国内是首次应用，之前没有铺盖板的防水经验，包括国外的铺盖法施工实例，都未形成有效的铺盖板防水体系，所以必须研究一种有效地针对铺盖板的防水方法，来保证地铁车站安全施工。

鉴于现有技术中存在的问题，采取了一种关键技术来解决涉及铺盖板的吊装孔和板缝间的防水问题，该方法具有防渗漏效果好、便于施工、材料易得、造价低廉的优点，便于在铺盖板上进行防水处理。

4.3.1　板缝间的防水

铺盖板缝填充材料采用双层 PE 发泡棒 + 单组分聚氨酯防水涂料，根据铺盖板板缝间隙大小，选择采用不同型号的 PE 发泡棒或单组分聚氨酯防水涂料，如图 4-12 所示。

在进行板缝间隙防水处理前，首先要清除铺盖板板缝间的杂物，并用钢丝刷子刷去浮锈，再用棉丝擦净，保证板缝间隙的干净平滑，以便于填充材料全面接触铺盖板，提高填充效果，防止填充材料与铺盖板之间因接触不全造成的防水失效。

当铺盖板板缝间隙大于或等于 5mm 时，填塞的 PE 发泡棒直径为 10mm；当铺盖板板缝间隙小于 5mm 时，填塞的 PE 发泡棒直径为 5mm。需要注意的是，在填塞第一层 PE 发泡棒时，要尽可能地将发泡棒深入到板缝间防止发泡棒脱出，提高防水效果的持久性。填塞第二层发泡棒时，不要填满，第二层发泡棒应与板顶留有一定距

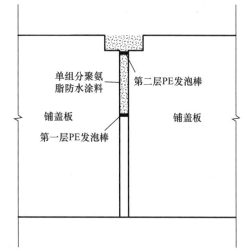

图 4-12　铺盖板板缝防水施工后的结构示意图

离，之后再用防水涂料进行灌注密封，对发泡棒起到一定的保护作用。

在用聚氨酯防水涂料连续灌注板缝时，灌注深度不宜过浅，尽量使防水涂料均匀灌注，在灌注十字接缝时，要连续灌注，确保防水涂料的连续性，防止因灌注间隙引起的防水失效。用聚氨酯防水涂料灌注剩余板缝至板顶，应分两次灌注，待第一次防水涂料固化后，再将板缝灌平，灌注时需连续灌注跨过铺盖板十字相接位置处，分次灌注可以避免因灌注裂隙或灌注不均引起的防水失效。在防水施工完成后，要静置24h，提高填充材料的强度和硬度。

4.3.2 铺盖板吊装孔的防水

因为密封吊装孔所用橡胶棒均为预制件，所以在进行铺盖板吊装孔的防水处理前，首先要清除干净吊装孔内的杂物，并用棉丝擦净，保证吊装孔内的干净平滑，以便于橡胶棒预制件与吊装孔严密接触并填充密实，提高防水性能。需要注意的是，在橡胶棒预制件放入吊装孔前，需要先在橡胶棒预制件的外表面均匀涂刷聚氨酯防水涂料，最后用聚氨酯防水涂料进行封口处理，使与周围板壁平整，并起到对橡胶棒预制件的保护作用。

其中，橡胶棒预制件为与吊装孔直径相匹配的长圆柱，长圆柱的顶部有一与长圆柱一体的短圆柱，短圆柱与吊装孔的沉孔相匹配，如图4-13所示，且橡胶棒预制件的长圆柱的下端部开有半球形的内凹腔。聚氨酯防水材料用双组分聚氨酯防水材料。

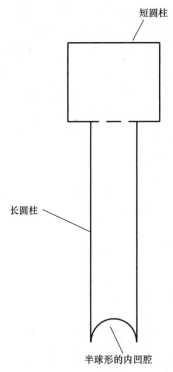

图 4-13　橡胶棒预制件结构示意图

4.4　铺盖体系稳定性控制技术

铺盖体系的稳定性直接关系到工程的施工质量，铺盖体系的稳定性影响因素除了与客观因素汽车荷载、施工荷载等直接相关外，还与中桩的施工质量、连接体系、基坑开挖步序有关，铺盖体系稳定性控制技术包括中间桩型钢的精确定位、连接体系施工、基坑开挖步序。

4.4.1　中间桩型钢精确定位技术

铺盖体系中最重要的部分就是中间桩，中间桩的作用是支撑其他部分，中间桩施工的质量直接关系到整个铺盖体系的安全性，甚至整个工程的安全性。临时中间桩分两部分结构组成，上部结构为 H 型钢支撑体系，下部结构为钻孔灌注桩基础。作为受压构件，中间桩的垂直度必须要保证在规定的范围内。中间桩的定位非常重要，但是现有中间桩的定位方法复杂，难以达到设计要求。

H 型钢作为铺盖体系的主要受力构件，必须确保有足够的刚度和稳定性，并且临时中间桩的架立必须准确到位。安装允许偏差应满足：临时中间桩桩顶轴线对桩位定位轴线的允许偏差为 3mm；整根临时中间桩的垂直度允许偏差为 $h/1000$，且不大于 25mm，其中 h 为整根临时中间桩的长度。临时中间桩的桩顶标高允许偏差为 ±3mm；桩顶高差允许值为 3mm；桩上梁支撑的梁顶与基坑两侧冠梁顶高差允许值为 5m。

为解决上述技术问题，发明了一种结构简单、可以准确定位中间桩、保证铺盖体系安全的铺盖法修建地铁车站中间桩定位方法。包括以下步骤：

1）按设计要求开挖桩孔，在桩孔中吊装临时中间桩钢筋笼，在临时中间桩钢筋笼上部围桩孔内壁上安装定位器；

2）在桩孔安装用来固定 H 型钢的桩孔定位支架，桩孔定位支架通过预埋连接构件固定在桩孔顶部；

3）对底部定位器进行检验校正，确保定位器的位置准确，有足够的强度、刚度和稳定性；经过检验合格后，进行临时中间桩下部基础结构混凝土浇筑作业，浇筑至设计位置；

4）经过步骤 3）浇筑作业完成后，立即吊装 H 型钢，在混凝土初凝之前将 H 型钢插入混凝土灌注桩内，并达到设计深度，待 H 型钢吊装入孔，依靠定位器对 H 型钢进行检验校正，检验校正后立即通过定位支架对 H 型钢进行锁定定位。

4.4.2　连接体系施工

临时中间桩为整体铺盖体系的主要受压构件，力的传递方式由上部铺盖板传递到铺板梁及梁支撑，再由铺板梁及梁支撑传递到临时中间桩。临时中间桩不仅要满足强度、刚度的要求，更重要的是要确保稳定性。为此在临时中间桩之间设置了一些构件，组建中间桩稳定体系，主要包括：钢支撑与中桩的连接、纵向连接构件、纵向桩间支撑、端头横撑以及横向桩间支撑等。

临时中间桩稳定体系的施工，随土方开挖进行。中桩稳定体系各构件，利用龙门吊吊运，通过出入口下料。在底部安装时，利用手动拉链葫芦进行吊装。

1. 钢支撑与中间桩连接

中间桩布置原则：

1）中间桩必须能够承担路面荷载、铺盖板及其支撑梁、悬吊梁和被悬吊埋设的荷载。

2）中间桩宜采用斜撑加强纵向刚度，斜撑必须在与其他构件接触的部位紧密连接。

　　钢支撑与中间桩通过翼板连接，中间桩两侧各三块翼板。翼板与钢管撑焊接，中间桩 H 型钢外侧设置加强钢板，钢板与中间桩采用 A 级螺栓连接，钢板与翼板焊接。钢支撑与中间桩连接详图如图 4-14 所示。

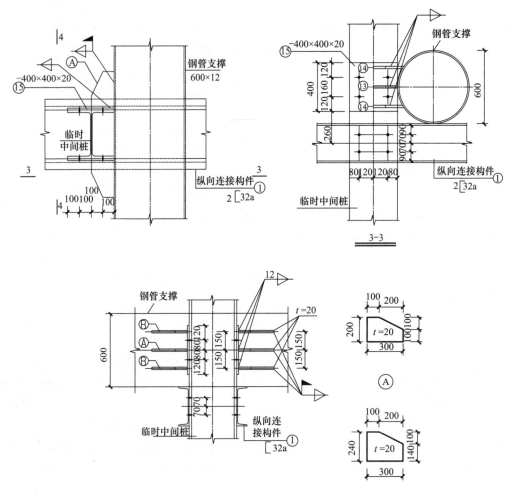

图 4-14　钢支撑与中间桩连接详图

2. 纵向连接构件

　　中间桩间沿车站纵向对应钢支撑位置设置了多层纵向连接构件，桩间纵向连接构件紧贴钢管撑，采用两根槽钢，A 级螺栓连接。

3. 纵向桩间支撑

　　纵向桩间支撑采用角钢，角钢和中间桩 H 型钢采用 A 级螺栓连接，如图 4-15 所示。

　　纵向桩间支撑布置原则：

　　1）具有能把挡土墙传来的荷载均匀地传递给横向桩间支撑所具备的刚度和密接性。

　　2）各段的纵向桩间支撑所用荷载必须是开挖以及构筑本体阶段最不利的荷载。

　　3）设计纵向桩间支撑时，应以横向桩间支撑所在位置为支点，按简支梁设计计算。

　　4）纵向桩间支撑垂直间距的确定，应考虑荷载的大小、挡土墙的强度和刚度以及施工的方便性等因素。

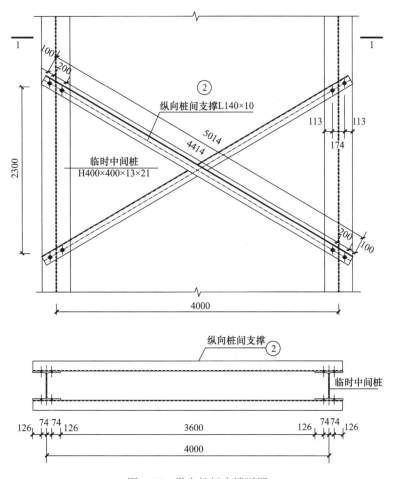

图 4-15　纵向桩间支撑详图

4. 端头横撑

由于部分钢支撑采用角撑，没有与中间桩连接。为了保证中间桩的稳定，采用端头横撑进行中间桩横向的连接。

端头横撑采用 H 型钢，设置在纵向桩间支撑上部，与纵向桩间支撑采用 A 级螺栓进行连接，如图 4-16 所示。

5. 横向桩间支撑

横向桩间支撑与中间桩 H 型钢间通过一块角钢采用 A 级螺栓进行连接。

横向桩间支撑布置原则：

1）必须具有在轴力的作用下不发生失稳破坏的截面形式和刚度；当横向桩间支撑长度较长时，必须采取中间桩或钢材等补强措施。

2）原则上在横向桩间支撑上不可有其他荷载作用，如因特殊原因需要加载时，必须对轴力和弯矩进行设计验算。

3）原则上横向桩间支撑不设连接，如因特殊原因需要设置时，必须进行补强，以确保满足强度要求。

4）横向桩间支撑与纵向桩间支撑的连接部位，必须是不产生松动的构造。

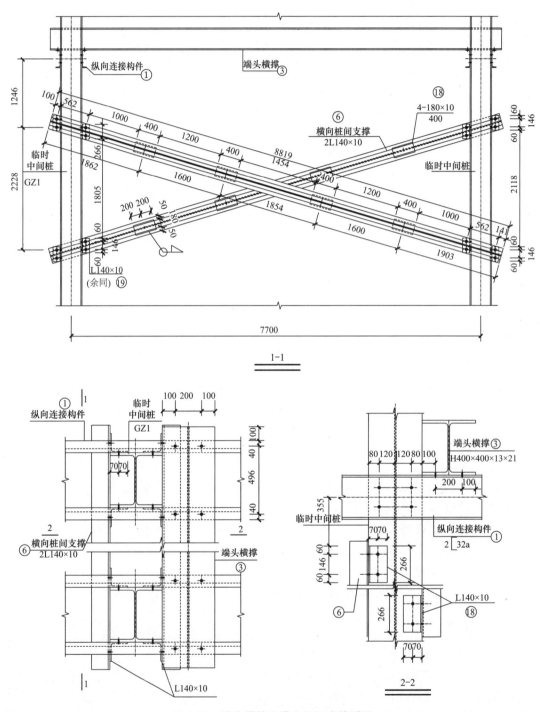

图 4-16 端头横撑及横向桩间支撑详图

4.4.3　基坑开挖步序

临时中间桩的连接体系是在土方开挖到设定位置时安装的，土方开挖的步序也直接关系到中间桩的稳定，未开挖时，中间桩周围用砂土填实，从侧向上限制中间桩的弯曲变形，开挖后及时施工连接体系保证中间桩的稳定。基坑开挖关键步序如下：

1）自地面分级、分层放坡开挖至第一道钢管支撑底部。

2）冠梁以下土体，每个台阶各设一台反铲挖掘机同时开挖，土方接力挖到运输便道的自卸汽车上。

3）坑底挖土至自卸汽车的过程为：

（1）第一台反铲置于下部台阶，停机面高出基底设计标高，基底均留 0.2m 厚土方由人工清底，挖土甩放在该层台阶后部，由中层台阶及反铲接力。

（2）第二台反铲置于中部台阶，停机面高出基底设计标高。

（3）第三台反铲置于上部，停机面为上层钢管支撑管底。

4）土方开挖每层台阶的长度，根据机械开挖作业要求，控制在 15m 左右。

5）基坑中最后少量土方由吊斗垂直提升出土。

6）人工清底。

机械挖土作业的同时，为保证边坡的稳定性，应配合人工对边坡进行修整，为防止挖掘机作业时扰动基底原状土，规定挖掘机挖土的标高控制在基底设计标高 20cm 以上，剩余的 20cm 厚土体人工清底。

4.5　铺盖板临时快速拆除技术

铺盖体系的稳定性直接关系到路面交通和地下施工的安全，因此，在整个铺盖体系安装的过程中，铺盖板与支撑梁的连接稳定十分重要。现行的连接方式是通过螺栓和螺栓连接扣件将铺盖板和支撑梁紧密贴在一起进行加固，由于所使用的螺栓是日常使用的普通螺栓，在安装时必须地上地下两人同时作业，方能完成螺栓的紧固。另外，随着基坑开挖深度的增加，在地下对螺栓进行操作非常困难，进而给螺栓的检修带来了不便，同时也给地下施工和路面交通带来了安全隐患。

针对以上问题，二旋螺栓可以突破铺盖板安装过程中须地上地下两人同时作业的限制，克服使用过程中检修的困难，保证装配式铺盖法的灵活性，使安装拆除方便，临时拆除可以进行夜间下料、浇筑混凝土、盾构机吊出，而白天又可快速恢复交通。

4.5.1　二旋螺栓

二旋螺栓，作为铺盖板与支撑梁的连接构件，包括穿过铺盖板螺孔的双头螺栓，双头螺栓的上、下部分别旋有上螺母和下螺母，下螺母和支撑梁之间设有螺栓连接扣件，双头螺栓的上螺母和铺盖板之间，套装有一套筒，套筒壁垂直方向上设有一竖槽开口，套筒壁横截面方向上设有一横槽开口，横槽开口与竖槽开口下端部连通；双头螺栓上设有一水平孔，一卡销通过前述的竖槽开口或横槽开口销入该水平孔内；水平孔的下部设有一卡簧片，卡簧片下部安装有弹簧。螺栓连接扣件包括一矩形板，矩形板的一端有折弯部，折弯部的端部抵住铺盖板下表面；矩形板的长边与双头螺栓的水平孔垂直。

采用二旋螺栓可以对铺盖板和支撑梁的拼装实现单侧紧固，是对现有技术的有效改造，节省了人力，在基坑工程中使用该螺栓连接构件有着明显的优点，给地下施工和地上交通带来了安全保证。

4.5.2　铺盖板的临时拆除

铺盖板结构在施工结束后需要进行拆除作业，下面给出铺盖板的临时拆除技术方案，采用该技术可以高效拆除铺盖板，以备再次使用，并能确保后续施工的有序开展。

1）结构施工完成后，从铺盖板上部将每个吊装孔内的橡胶棒取出来，然后集体回收，以备以后工程使用。

2）从铺盖板的吊装孔内将螺栓拧开，拆除铺盖板。

3）用吊车将铺盖板吊走，将铺盖板摆放整齐以备下次使用，然后施作顶板顶部防水。

4）在开孔处进行下料、打灰、盾构机吊出等工作。

4.6　本章小结

1）临时中间桩是整个铺盖体系的支撑，其稳定性决定了铺盖体系的安全。运用中桩定位技术可以精确地保证中间桩的垂直度、位置，严格控制垂直度允许偏差小于 $h/1000$，且不大于 25mm，为铺盖体系的安全提供了保障。

2）铺盖板的防水材料及关键技术，针对雨雪天气及特殊情况，有效地阻止了板面上的水下渗，为铺盖体系下方的施工提供保障，也延长了铺盖体系的寿命。

3）钢支撑与铺盖体系的临时中间桩型钢相连，一方面保证了基坑自身的稳定性，另一方面也保证了临时中间桩的稳定性。

4）中间桩连接体系及基坑开挖方法和步序，也是保证铺盖体系稳定性的重要因素，采用台阶分步开挖，同时保证中间桩型钢的横向连接及时有效建立，这也有效地保证了铺盖体系的稳定性。

5）针对铺盖板拆除问题，在安装时采用二旋螺栓，可以方便安装和快速拆除铺盖板，为临时施工拆除铺盖板提供了方便。

本章参考文献

[1]　王文正，孔恒，韩雪刚．装配式铺盖法修建地铁车站施工关键技术 [J]．施工技术，2014，43 (S2)：129-135.

[2]　袁大军，段苒，罗富荣，等．装配式铺盖法修建地铁车站技术 [J]．现代城市轨道交通，2008 (3)：32-34，89.

[3]　袁大军，李兴高，孙立．装配式铺盖法施工技术在我国的应用分析 [J]．建筑技术，2009，39 (6)：558-560.

第5章 预制装配式铺盖法修建地铁车站的管线处治技术

5.1 概述

随着城市中的地上、地下建筑和面积的逐渐增加，地下管线的结构和布局变得越来越复杂，这些地下管线也与居民的日常生活息息相关。为了在地铁建设过程中不影响城市居民的日常生活，需在施工前做好切实可行的管线保护设计方案，并且在后期施工过程中也要做好对管线的悬吊保护及恢复措施。在施工过程中要严格按照施工流程进行操作，避免由于保护措施实施不到位而造成不必要的损失，在施工过程中全程加强监管措施，并及时统计和分析检测数据，根据现场情况进行调整，降低施工完成后发生风险事故的概率。总而言之，地下管线保护关系到民生，严重影响项目施工生产安全及进度控制、经济效益等。在遇到地下管线后要引起高度重视，决不能麻痹大意。要提前对现场进行排查摸底，及时组织人员调查并收集整理、分析归纳管线信息，制定相匹配的应对措施与解决方案，保障施工生产顺利推进。

对于许多在主干道路下方设置的地铁车站，施工中都将会遇到众多管线需要处理的情况。国内对于影响基坑施工的管线，通常的做法多是拆除后在施工红线内进行临时改移，待车站结构施工完毕后原位恢复，或者是在红线内其他地方永久改移。但是改移管线施工费用较高，会多次扰动地层和管线，且对周围交通和人民生活影响较大，在城市繁华地区越来越狭窄的施工环境条件下，采用改移方法困难重重，已经不符合未来发展的需要。

装配式铺盖法最突出的优点之一就是可以实现管线的原位悬吊保护，最大程度地减少管线拆改移，提高施工效率。由于装配式铺盖法在国内起步较晚，相关技术也有待优化，故适应管线悬吊的方法和技术还没有进入到深入研究的环节。本文结合我国国情，研究装配式铺盖法施工前提下管线悬吊的要求和管线悬吊方法及技术，对发展和推广装配式铺盖法十分重要。

5.2 管线的处治方法选择

管线仅仅依据设计地形图及建设单位组织交底获得的大量地下管线信息还远远不够，一般信息存在一定的不完整性，主要可能存在个别遗漏以及坐标、走向偏差问题等。对获取的资料信息必须进行现场勘察核对，同时对现场开展全面调查，进一步核对信息正确性。调查过程中要以现场的明线、沟渠及井为基础，核对线路根数及走向。其中发现的未知管线及时向业主及监理汇报，并积极与有关产权单位取得联系和协商处理。对于复杂地段及老旧城区，优先采用探测雷达进行地下管线初步探测调查，再配备人工挖深坑探明管线。在与有关产权单位协商过程中，要确定好各类管线的允许变形量，并向监理工程师报备。对已探明的管线建立统一的管线分布图，对每个井位及管线类型、走向、埋深等信息进行标注，及时根据变化更新处理。

地铁车站施工范围内往往存在雨水、电力、通信、给水、中水等多种管线，如图 5-1 所示，表 5-1 所示为北京地铁 9 号线丰台北路站勘测到的管线情况。

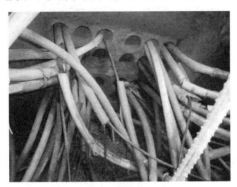

图 5-1　现场发现的通信管线

管线处治主要有以下三类：

1）管线废除

设计废除或经过产权单位签字确认废除的管线，为避免后期出现道路塌陷及水囊病害，需对管线头进行封堵处理。

2）管线迁改

管线迁改是管线处理方法中最安全有效的方法，但是迁改工作手续繁琐、时间长、费用高、对管线运行影响较大。对于侵入结构或者影响到工程无法施工的，一般采取迁改的方法处理。管线迁改采取先建后拆，先铺设好新管线，再将所需改迁的管线拆除。对于需要后期恢复的管线，在恢复管廊顶板覆土回填时再将管线恢复。在基坑外的新管线铺设及管线恢复时及时埋设监测点，以便在施工过程中对其进行监测，一旦发现异常及时采取措施处理。

主体基坑范围内的管线　　　　　　　　　　　　　　　　表 5-1

类型	走向	材质	尺寸	埋深（m）
供电	基坑南端东西向	铜	4 条 10KF	0.97
供电	基坑南端东西向	铜/光	900×300　　7 条 10KF	1.56
雨水	基坑南端东西向	混凝土	DN400	0.58
雨水	基坑南端东西向	混凝土	DN1600	4.23
电信	基坑南端东西向	光纤	200×100 2 条	0.56
中水	基坑南端东西向	铸铁	DN400	1.63
给水	基坑南端东西向	铸铁	DN600	1.25
给水	顺基坑南北向	铸铁	DN600	1.46
雨水	顺基坑南北向	混凝土	DN2200	4.63
电信	顺基坑南北向	光纤	200×200 3 条	1.00
给水	顺基坑南北向	PVC	DN80	0.77

3）管线原位监测

为了评估施工影响范围，不开挖施工范围内的管线，为了预防管线损坏事故发生，需对其进行监控与测量。可根据监测数据及时分析了解管线状况，以便提前对险情采取应对措施。

除对管线进行废除、迁改和监测外，管线的原位保护也是在施工过程中非常重要的环节。在城市轨道交通工程施工建设过程中，地下管线的保护工作开展非常重要。在城市中的地下管线包含有供水、排水、燃气、热力、电力、通信以及工业等地下管线和附属设施，能够对城市的运营发展起到传递信息、输送能源以及排泄废弃物等作用，是城市中非常重要的基础设施。只有地下管线运行正常，才能够确保城市功能正常发挥，为城市的发展提供赖以生存的重要物质条件，因此，地下管线的运行质量对城市和社会的可持续发展影响非常大。在城市轨道交通工程施工建设中发生管线施工事故，不仅对社会秩序造成严重影响，甚至还会造成重大的经济损失和人员伤亡，因此，在工程建设中加强地下管线施工保护措施非常重要。

管线原位保护方法多种多样，一般有支撑法、悬吊法、抬架法、桥架法等。支撑法应用于大跨度基坑工程中，但前提是管线需承受自身重量；最为常见的是悬吊法，但受梁体跨度限制，无法运用到超大跨度工程中；抬架法适用于狭窄通道工程，应用极为少见；桥架法类似悬吊法，靠梁体本身就能托起管线。其中，悬吊法技术容易被掌握与复制，各种管线可以用一个通用的技术方案解决，适用广泛，综合管廊工程拟采取的也是悬吊法对管线进行保护。

在基坑采用装配式铺盖法的前提下，影响基坑施工管线的处治方法可以分为悬吊和改移两种方法。对于应该采用哪种方法，总的原则是首先根据管线的位置是否在结构范围内来决定，在车站结构范围内的管线必须进行永久改移，在结构上方的管线原则上都可以采用悬吊方法，坚持能悬吊不改移。但是当管线进行悬吊处理，如果会对主体结构施工产生巨大干扰时，则要进行改移。

5.3 铺盖体系管线悬吊常用方法

装配式铺盖法最突出的优点之一就是可以实现管线的原位悬吊，利用标准地下构筑物保护构件保护管线，向下进行开挖施工。采用管线悬吊方法，可以不用对影响基坑施工的管线进行改移施工，减少了施工成本，避免了对周围环境的干扰，并且采用标准化构件施工，可以实现重复利用。

5.3.1 管线悬吊的常用方法

管线悬吊保护常用措施有：（1）铺盖板支撑梁悬吊保护；（2）专用梁悬吊保护；（3）临时支撑保护；（4）金属托座防护；（5）更换管材保护；（6）分段开挖保护。这些措施在具体的管线悬吊保护中是综合应用的，以保证管线的安全为前提。

1. 铺盖板支撑梁悬吊保护

在管线原来的位置用铺盖板支撑梁悬吊保护，工程中经常进行检查和维护，以确保安全。这种方法由于铺盖板支撑梁的振动会直接传给埋设物，悬吊钢丝绳以及松紧装置等时要小心进行。

2. 专用梁悬吊保护

在管线原来的位置用专用悬吊梁保护，这种方法由于有铺盖板支撑梁的振动不会传给埋设物的优点，主要用于煤气管保护或者交通繁忙的交叉点的电力、通信的保护。一般用高 300mm 的 H 型钢，如图 5-2 所示。

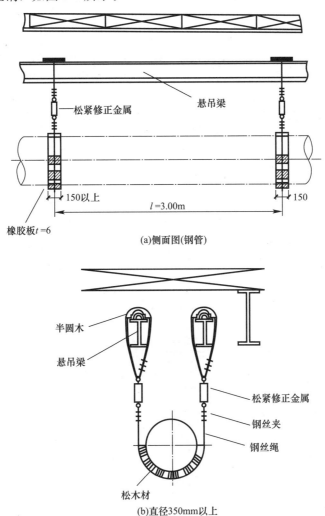

(a)侧面图(钢管)

(b)直径350mm以上

图 5-2　专用梁悬吊保护图示

3. 临时支撑保护法

当埋设物重量大、铺盖板支撑梁悬吊保护有危险时，采取打设侧桩、中间桩或专用桩，并用其作为支撑的保护方法。大型的灌渠、上水本主管（直径 1200mm 以上）或洞道等地保护用此方法。这种方法使用时要特别注意支撑桩的承载力、挠度以及管的老朽程度的调查，如图 5-3 所示。

4. 金属托座防护

在悬吊管线的路径中有中间桩时，可以在中间桩上设置临时支座，增强对管线的横向稳定性控制以及较小悬吊构件的跨度，防止构件出现危险，如图 5-4 所示。

5. 更换管材保护

开挖范围以外，伴随开挖时受到变位沉降等影响的管路，可以和管路管理者协议，用改变管路的材质或者同样材质更新的办法来防止施工时对管路的损害。例如，铸铁煤气管更换为钢管，老朽的下水管用新管更换等。

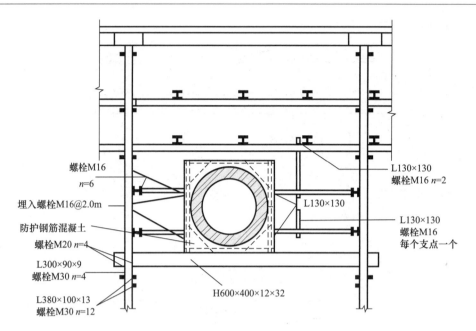

图 5-3 临时支撑保护图例

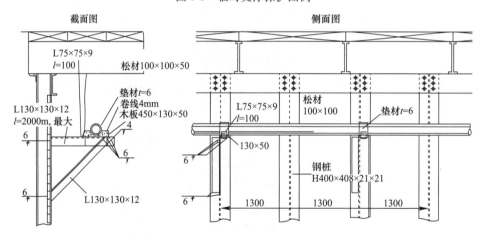

图 5-4 金属托座防护图示

6. 分段开挖保护

在软弱地层埋设物横穿或斜穿时，从悬吊保护到直接进入地层的部分，埋设物会受到开挖固结沉降的影响。作为防止对策，把铺盖板范围扩大，除去上部的土，便于对其进行检查和监视，保证其安全。如发现可能有危险，立即进行悬吊保护，或者进行管路下的注浆防护，如图 5-5 所示。

5.3.2 各类管线悬吊保护要点

一般来说，地下管线可以分类如下：（1）上水管、煤气管；（2）雨水管、污水管；（3）电力、通信管线；（4）其他。

1. 上水管、煤气管

一般地讲，上水管和煤气管都是钢管或铸铁管，除铸铁管外，一般都是接头用焊接或螺栓连接,有一定的强度;但上水管的接头插入式较多,会由于悬吊保护时的振动使接头部脱离,因此,一般采取如图 5-6、图 5-7 所示的补强保护措施。

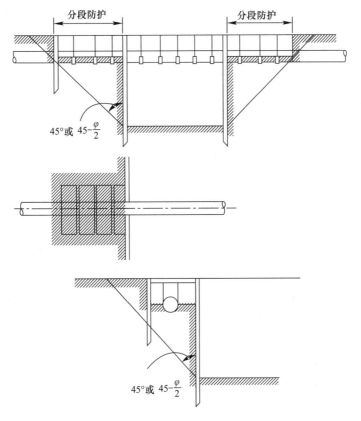

图 5-5　分段开挖防护图示

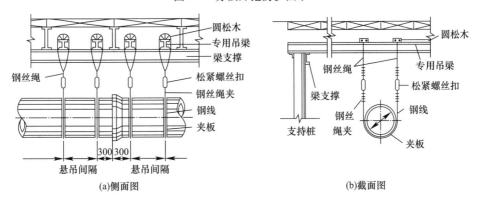

图 5-6　上水管道防护标准图

2. 雨水管、污水管

雨水管、污水管,一般是陶制管、钢筋混凝土管或聚丙烯管所制,管的结合一般也是用水泥砂浆填充接缝的。因此,有混凝土脱落后或落水的情况下,必须进行事前修理。陶管内径 380mm 以下的小管等,材质比较旧,易损坏,保护时应充分注意。悬吊保护时可以更换管道材质。

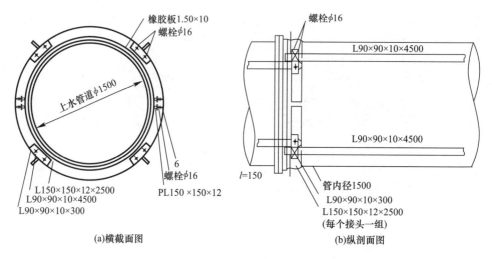

(a)横截面图　　　　　　　　　(b)纵剖面图

图 5-7　上水管道补强图

3. 电力、通信管线

电力、通信管线构造及样式多种多样，有直埋式、管式（各种管材不同）、单孔管或多孔管组合式等。地下管线是城市的重要基础设施，被称为城市的"生命线"。随着地下管线的数据化、网络化和智能化发展，地下管线综合管理信息系统的网络安全保密问题日益凸显。通过对地下管线综合管理信息系统自身的脆弱性以及面临的外部威胁进行深入分析，明确该系统面临的安全风险等级及安全需求，针对性地采取相应的技术防护措施，并结合高效的安全管理方案，构建全方位的安全保障体系，地下电缆防护标准图如图 5-8 所示。

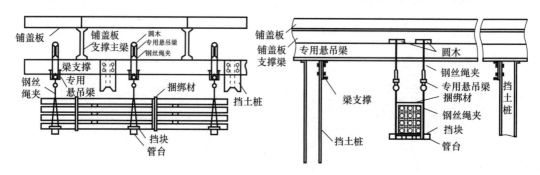

图 5-8　地下电缆防护标准图

5.3.3　管线悬吊保护施工注意事项

1）开挖时露出的管线，应当在开挖其管线下部前进行悬吊保护。

2）对各悬吊用具应加均等的荷重。

3）消火栓室、阀门室等位置，应在铺盖板上明示，为了能使铺盖板的一部分取下来进行相应的处理，还应该做出各种管线的标示牌。

4）上水管、煤气管的曲折部分，分叉部分，短管部分以及其他特殊部分应当按一定方法进行移动或进行防治脱落的补强。

5）当下水管的入孔头部妨碍铺盖板时，进行必要的最小限度的处理，防止降雨时或异常情况下排水时有水溢出。

6）横穿开挖区域的埋设物设置挡土板时，应设置一定的间隔，不使其直接碰到埋设物。另外，当拔桩时，由于挡土板也向上被拔出，有可能对埋设物造成损害，应当对挡土板进行一定的处理。

7）在开挖施工过程中，应在被悬吊保护的埋设物的附近设置巡回检查的通路，并经常进行检查。对钢丝绳、松紧金属的松紧程度、挠度、磨损、腐蚀、漏水、漏气等情况进行检查，万一有异常现象发生，应立即向管理者通报，并迅速进行补修及实施应急措施。特别是煤气、上水道、下水道等，有伴随二次灾害发生的可能，要给予充分的注意。

5.4 装配式铺盖法管线悬吊组合结构及技术

目前，国内首次在城市地铁建设中引进装配式铺盖工法。装配式铺盖工法综合了明挖法施工简单、经济、快捷和铺盖法基坑暴露时间短、恢复交通快的优点。由于地铁都是在繁华的城市中施工，施工区域内管线密集、种类繁多，施工中都会遇到地下管线处理的问题，大多数对地下管线的处理都是采用改移的方法，也有部分工程是采用悬吊方法，然而改移和现行的悬吊结构都是有弊端的。管线改移不仅浪费了人力物力，而且浪费了时间，延长了工期。现行的悬吊结构也存在以下弊端：（1）不能与装配式铺盖法结合；（2）现行悬吊结构大部分不可拆装、不能重复利用，造成材料的浪费，且大多施工过程繁琐、时间长，延长了施工工期；（3）这些结构都不能有效地阻止管线悬吊过程中出现的滑移以外现象。

装配式铺盖法管线悬吊组合可以对管线进行有效保护，能够减少地铁车站施工中必须要进行管线改移而造成的施工周期长和工程造价高等问题，从而加快地铁施工进度。

5.4.1 悬吊组合技术

北京市政集团、北京交通大学等单位联合研发了一种国内首次与铺盖体系结合使用的管线悬吊结构形式及技术。其结构形式为以工字钢梁为悬吊横梁，工字钢梁与铺板梁焊接连接；以可调节钢筋螺杆和底托槽钢组成悬吊结构，螺杆与焊接于悬吊横梁上的悬吊纵梁螺栓连接；钢筋螺杆与底托槽钢采用螺栓连接，其中底托槽钢上设置木楔，用于承托管线和限制管线的横向移动，木楔后用角钢固定。在管线与底托间设置橡胶垫，减少对管线的振动冲击。同时在悬吊之前更换管线材质，将铸铁管更换为钢管。在悬吊管线旁边设置检修平台，检修平台采用纵向角钢作为承托主梁，两个角钢间用钢筋焊接连接，上铺木板和石膏板，同时平台用钢筋和悬吊横梁焊接，作为承重构件。平台上用钢管作为栏杆，通过钢筋和下端角钢焊接。这样一套组合形式的管线悬吊结构和检修平台对管线的保护安全系数较高，制作简单，利于推广。图 5-9、图 5-10 所示为装配式铺盖法管线悬吊组合基本结构示意图。

悬吊组合技术方案包括正交设置在管线上方的横梁，在横梁上设置的吊架以及相对于管线对称设置在横梁上的两个吊钩。每个吊钩下面均悬挂有花篮螺栓，花篮螺栓的另一端与钢筋吊杆相连，钢筋吊杆的末端固定连接在底托板上。管线搁置在底托板上，便可以实现对其的悬吊。

此外，该技术方案还具有以下技术要点：

1）吊架均布设置在单元管线段的两侧。

2）底托板为槽钢，槽钢上镶嵌有两块与管线底部圆弧段适应的戗木。

3）底托板两侧设有螺栓孔，所述钢筋吊杆的端部穿过前述的螺栓孔，并采用螺母旋紧钢筋吊杆的末端。

4）悬吊组合还包括支架，所述的支架设置在单元管线段的中部位置，包括基础中间桩，固定在基础中间桩上的支撑管线的横托板，横托板下设置有固定斜支撑，横托板上的管线两侧固定有限位杆。

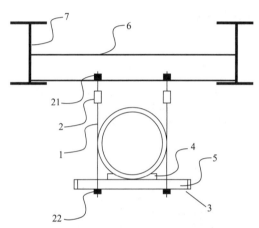

注：1-钢筋吊杆；2-花篮螺栓；3-底托板；4-戗木；5-槽钢；
6-横梁；7-铺板梁；21-吊钩；22-螺母

图 5-9　新型吊架结构示意图

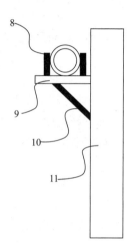

注：8-限位杆；9-横托板；
10-斜支撑；11-临时中间桩

图 5-10　新型支架结构示意图

鉴于现有技术中存在的问题，此技术的目的在于提供一种在装配式铺盖法中，保护管线在整个施工过程中不被破坏的悬吊组合结构，该结构可拆装、能重复利用、操作简单，不仅节约了材料，而且缩短了工期，在管线悬吊过程中也可防止管线出现滑移以外现象，与以往结构相比具有明显的优点。此悬吊组合与装配式铺盖法相结合，操作简单、用时少，缩短了工期，并且实现了悬吊结构的循环利用，节约了材料，支架的运用保证了管线在悬吊过程中的安全。该组合结构是对现有结构的有效改造，与以往结构相比具有明显优点，在基坑工程中具有很大的应用前景和推广价值。

5.4.2　施工步骤

结合装配式铺盖法管线悬吊组合技术与其组合的具体内容，悬吊组合技术的施工步骤如下（图 5-9、图 5-10）：

1）将管口挖出；

2）与管线正交方向间隔均布架设横梁 6，间隔距离与相邻管口的平直段对应；横梁 6 为工字钢，工字钢的两端栓接在铺板梁型钢 7 的下边；

3）将覆土挖至管半径处；

4）沿管身平直段对应管线悬吊横梁 6 位置挖槽，至管底以下；

5）将底托板从所挖土槽的管下穿过，底托板 3 由槽钢 5 及两块戗木 4 组成，戗木 4

嵌于槽钢 5 内，槽钢 5 的两侧有螺栓孔；

6）在横梁 6 上相对于管线对称栓接两个吊钩 21，将花篮螺栓 2 的一端挂于吊钩 21，另一端与钢筋吊杆 1 相连，钢筋吊杆 1 的末端穿过底托板 3 两侧的螺栓孔，用螺母 22 旋紧；

7）紧固花篮螺栓使其持力；

8）为防止管线悬吊过程中出现滑移以外现象，还需要进行支架制作，采用临时中间桩 11 作为基础，焊接横托板 9，横托板 9 下焊接有斜支撑 10，将管线置于横托板 9 上，管线两侧焊接有限位杆 8。

5.5　地下管线与铺盖体系冲突时的处理方法

围护桩施工时，桩位难免与地下管线冲突；同时为了使铺盖板的高程与原有道路面高程一致，在浅埋位置的管线就成为铺盖板支撑梁或梁支撑的障碍。因此，围护桩、支撑梁及梁支撑的设置应以尽可能避开管线为原则。

5.5.1　地下管线与围护桩冲突

避开地下管线，调整围护桩位置，如图 5-11 所示。

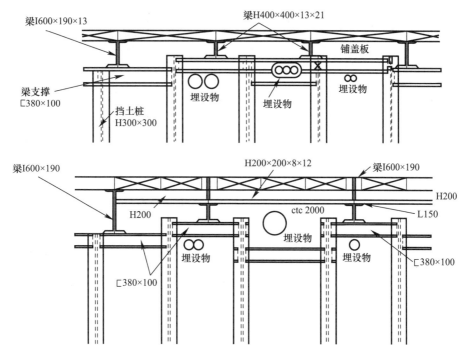

图 5-11　管线与围护桩冲突时采取措施示意图

5.5.2　地下管线与支撑梁冲突

1）把铺盖板支撑梁的支座宽度减小，相应配置桩；使用小的铺盖板支撑梁。

2）使用梁高小、宽度大的铺盖板支撑梁系列的 H 型钢（H400mm×400mm×

13mm×21mm）。

3）加大铺盖板支撑梁的间隔，并在铺盖板支撑梁上加横撑。

5.5.3 地下管线与支撑梁冲突

1）使用高度小、宽度大的 H 型钢（H400mm×400mm×13mm×21mm 等），改变梁支撑的设置高程。

2）把梁支撑用槽钢补强后，切去多余部分。

3）补强梁支撑，使之成为一端在承载桩的单端梁，如图 5-12 所示。

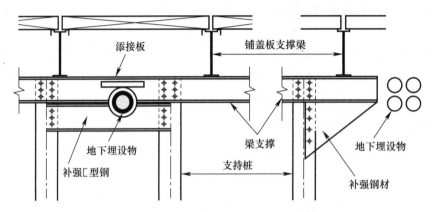

图 5-12　管线与梁支撑冲突时采取措施示意图

5.6　本章小结

本章主要阐述了管线处治在地铁车站修筑过程中的重要性，建立了管线处治方法的选择原则，在结构上方的管线原则上都可以进行管线悬吊。总结了铺盖体系管线悬吊的常用方法及其对应的应用途径、悬吊保护要点和施工注意事项。并从技术背景、施工要点及步骤方面阐述了装配式铺盖法管线原位处治技术以及与铺盖体系冲突时的处理方法。

本章参考文献

［1］　袁亮．地铁明挖基坑管线保护设计及施工构建［J］．智能城市，2020，6（21）：143-144.

［2］　米攀峰．地铁施工中地下管线保护监理工作的探讨及研究［J］．价值工程，2020，39（6）：49-50.

［3］　龚念安．城市地下管线处理方法及悬吊保护方案［J］．四川建材，2020，46（4）：176-177.

［4］　吴克松，颜春城，马力．地下管线综合管理信息系统的安全防护［J］．城市勘测，2020（5）：90-94.

［5］　张西京．地铁车站施工过程中的市政管线保护及悬吊措施［J］．绿色环保建材，2019（6）：162.

［6］　陈建红．轨道交通工程施工中的地下管线保护分析［J］．建材与装饰，2019（14）：266-267.

［7］　柴海成．地铁车站施工中地下管线悬吊保护的应用［J］．建筑技术开发，2016，43（9）：113-114.

［8］　王文正，孔恒，韩雪刚．装配式铺盖法修建地铁车站施工关键技术［J］．施工技术，2014，43（S2）：129-135.

［9］　霍亚超．明盖结合装配式铺盖法地铁车站施工几个关键问题研究［D］．北京：北京交通大学，2012.

［10］　杨建华，高俊星，霍亚超，刘彦林．装配式铺盖法管线悬吊组合［P］．北京：CN202302307U，2012-07-04.

［11］　王辽宁．浅谈地铁施工中对地下管线的保护［J］．山西科技，2011，26（02）：99-100，102.

［12］　刘力．装配式铺盖法设计及在北京地铁工程中的应用［J］．山西建筑，2010，36（16）：309-311.

［13］　孔存良．浅谈地铁施工管线保护［J］．北方交通，2010（3）：111-113.

［14］　袁大军，段茜，罗富荣，等．装配式铺盖法修建地铁车站技术［J］．现代城市轨道交通，2008（3）：32-34，89.

第6章　北京城市轨道交通9号线丰台北路站预制装配式铺盖法应用案例

6.1　概述

随着经济与社会的发展，在城市中修建地铁成了必然之举，地铁可以有效地缓解地面交通，为城市的发展提供巨大的便利。2021年第7次全国人口普查结果显示北京常住人口为2189.3万人，年平均增长率为1.1%，并且截至2021年6月统计，北京市机动车保有量突破了600万辆。大量人口和机动车给交通带来了巨大的压力，地铁的舒适、快捷和便利，成为人们出行的重要交通工具，地铁就成为许多城市交通的重要组成部分，截止至2021年9月日北京地铁运营里程653.00km，运营线路达27条，车站459座（包括换乘站72座）。到2025年，北京地铁将形成线网由30条运营，总长1177km的轨道交通网络。

在北京修建地铁车站的方法一般有明挖法、盖挖法、半明挖半盖挖法、暗挖法、盾构法。明挖法严重影响交通，施工过程对周边环境影响也较大；盖挖法和半明挖半盖挖法虽然对环境影响降低，但是工序复杂，管线处理工作量巨大，灵活性差；暗挖法工期较长，投资较大，安全性差；盾构法在国内研究不成熟，盾构投资较大。铺盖法可以减少施工期间对交通的影响，同时管线可以悬吊处理，大大降低了处理管线的工作量和投资，且工期较短，安全性高，经济效益好。然而军用梁铺盖法施工时不便留出道路，灵活性差，依然有诸多缺点，丰台北路站在国内首次引进吸收并且成功运用装配式铺盖法修建地铁车站，装配式铺盖法采用铺盖板方式，道路宽畅，可以实现道路的借一还一目标，对交通基本无影响，且相对于军用梁，铺盖板灵活性大增，对于夜间临时施工、吊装材料等施工具有很大的方便性。

6.2　工程概况

丰台北路站在国内首次引进吸收并且成功运用装配式铺盖法修建地铁车站，填补了国内空白，符合未来北京交通发展趋势。北京地铁9号线丰台北路站位于万丰路与丰北路交叉路口北侧，现况万丰路下方，南北向布置，如图6-1所示，该站为地铁9号线与地铁14号线的换乘站。

丰台北路站为双层岛式车站（与14号线的换乘节点为三层结构），车站主体采用装配式铺盖法施工，主体基坑长度201m，宽度21m，北端及南端为盾构吊出井。车站共设4个地面出入口，2座风亭，1个疏散口及2个无障碍电梯，如图6-1所示。

车站做法为半铺盖、半明开挖形式，南北长约202m，标准段长170m，东西宽约

21m，深度约 19m，北端长约 14m，宽约 25m，均为地下两层双跨框架结构、半铺盖施工形式，东侧宽约 7m 为铺盖形式，西侧宽约 14m 为明挖形式。南端长 18m 为全铺盖施工形式，基坑宽约 26m，基坑深度约 26m，地下三层双跨框架结构。

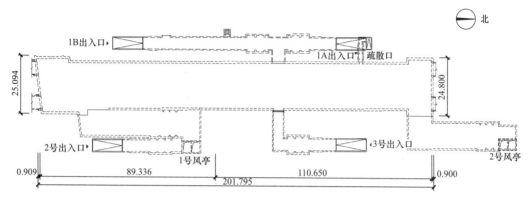

图 6-1　丰台北路站结构总平面图

6.2.1　水文地质条件

本车站的土层分布较为稳定，自上而下依次为人工填土、新近沉积土层、第四纪晚更新世冲洪积地层，其中人工填土普遍厚度 0.2~2.8m，新近沉积土层普遍厚度 2.5~6.9m；第四纪晚更新世冲洪积层主要包括圆砾卵石⑤层、卵石⑦层及卵石⑨层。

具体场地内地层土质分布如下：

1. 人工填土层

粉土填土①层：黄色-黄褐色，稍密-中密，湿，含砖渣、灰渣，局部为耕植土；杂填土①₁层：杂色，稍密-中密，湿，含砖块、石块等。该层层底标高为 39.60~47.23m。

2. 新近沉积层

粉土②层：黄褐色-褐黄色，中密，湿，含云母、砂砾，局部含有机质；粉质黏土②₁层：黄褐色-褐黄色，可塑，含云母、氧化铁、有机质、砂砾；粉细砂②₃层：黄褐色，松散-中密，含云母、氧化铁；中粗砂②₄层：黄褐色，湿，含云母、氧化铁、砂砾；圆砾②₅层：杂色，中密，一般粒径 7~50mm。该层层底标高为 36.62~41.50m。

3. 第四纪晚更新世冲洪积层

圆砾卵石⑤层：杂色，密实，湿，一般粒径 20~80mm；中粗砂⑤₁层：褐黄色，密实，湿，含云母、氧化铁、少量砾石；粉细砂⑤₂层：褐黄色，中密-密实，湿，含云母、氧化铁；粉土⑤₃层：褐黄色，密实，中压缩性土。层底高程 25.62~33.20m。

卵石⑦层：杂色，密实，湿-饱和，一般粒径 30~80mm；中粗砂⑦₁层：褐黄色，密实，湿-饱和，含少量砾石；粉细砂⑦₂层：褐黄色，密实，湿-饱和，含少量砾石。层底高程 15.16~20.82m。

卵石⑨层：杂色，密实，饱和，一般粒径 30~80mm，亚圆形，中粗砂填充；粉细砂⑨₂层：褐黄色，密实，饱和，含个别砂砾。该层层底标高为 10.94~13.95m。

中间桩及钻孔灌注桩尖进入砂土及碎石土的深度较大，由于受卵石粒径大、强度高等的影响，钻孔灌注桩及土钉墙成孔较为困难，易产生塌孔、扩径等问题。施工时应充分考虑其影响选择经济合理的施工工艺，地质断面如图 6-2 所示。

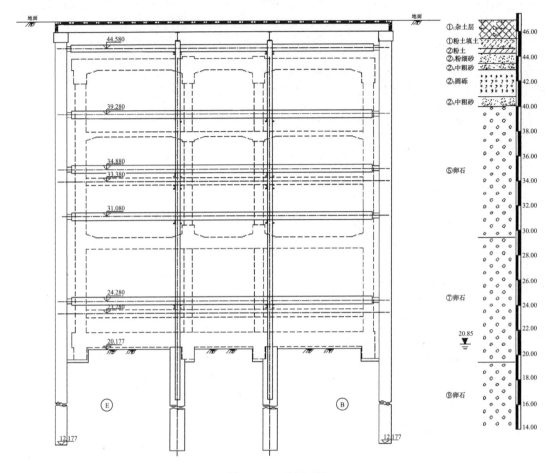

图 6-2　地质断面图

详勘阶段测量到两层水：

上层滞水（一）含水层为卵石⑤层，水位埋深 12.20m，水位标高 34.90m，观测时间是 2006 年 12 月，补给来源为华堂商场水源热泵回灌井的补给，以蒸发和向下越流补给排泄，该层水的动态完全取决于水源热泵系统的运行时段，该层水分布仅限于华堂商厦附近。

潜水（二）的补给来源主要为大气降水、上层滞水越流补给和侧向径流补给，以侧向径流方式排泄为主，该层水的动态与北京市区域地下水动态密切相关，该层水含水层为卵石⑦层和⑨层，水位埋深 26.20～27.20m，水位标高 19.68～20.85m，观测时间是 2007 年 1 月。

局部上层滞水水位较高，成孔施工时应注意涌砂、塌孔事故发生；潜水层位于桩端以上 1～8m，对于机械成孔影响不大，对于人工成孔是控制因素。

6.2.2　车站结构形式

1. 主体结构形式
南端主体结构为现浇钢筋混凝土地下三层两跨框架结构，长度约 18m，基坑深度约

26m，为全铺盖法施工。此段为地铁 9 号线与 14 号线的换乘点。14 号线东西方向由下面横穿 9 号线。此段结构由侧墙、梁、板、柱等构件组成。主体结构侧墙为钻孔灌注桩加内衬墙重合结构，钻孔灌注桩作为施工期间的基坑支护，同时兼作永久结构受力的一部分，桩与内衬墙之间设置防水隔离层。基坑内横向间隔 7m 设置两排 H 型钢临时中间桩，作为铺盖体系支撑。

标准段及北段主体结构为现浇钢筋混凝土地下二层两跨框架结构，长度约 184m，基坑深度约 19m，为半铺盖法施工。基坑内距离东侧边墙 7m，设计有一排 H 型钢临时中间桩，纵向间距 3.5～5m，作为铺盖体系支撑，上设铺盖板，此部分为铺盖法施工。中间柱至西侧边墙，宽度约 14m，为明开法施工区。

2. 基坑围护结构

本工程的基坑围护结构采用 ϕ1000mm@1200mm 间隔钻孔桩作为围护结构，桩顶设置冠梁，桩间采用挂网喷射混凝土保持桩间土稳定。沿基坑竖向设 4～5 道 ϕ600mm 壁厚 16mm 钢支撑，钢支撑位置、间距根据基坑设计要求安放。基坑平面内一般采用对撑，在端部与角部采用斜撑。在冠梁到地面范围内施作挡墙，保证路面的稳定。

由于在车站施工期间，要保证万丰路的交通通行以及丰北路北侧辅路的通行，本车站设计中采用局部铺盖体系来保证道路的基本宽度。沿着基坑东侧约 7m 宽度及南端约 33m 范围，在车站施工时做临时铺盖。铺盖体系由铺盖钢板、梁、柱组成。铺盖板东侧支撑在基坑围护桩顶冠梁上，西侧支撑在临时 H 型钢柱上，H 型钢柱南北间距为 3.5～5m。具体结构如图 6-3～图 6-5 所示。

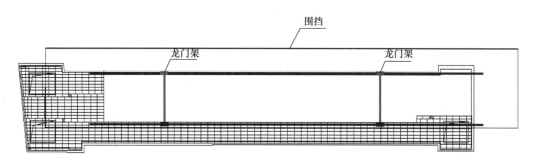

图 6-3　铺盖体系平面示意图

6.2.3　周边建构筑物

车站位于北京市丰台区万寿路南延段，路口西北象限为华堂商场、公交总站及丰台区望园东里 2 号楼，西南象限大部分为军队（海航）用地，东南象限为居住小区，东北象限为卢沟桥乡政府、丰台西局欣园南区 2 号楼。车站与 14 号线在丰台北路高架桥（包括承台桥桩长 32～34m）下形成节点，与高架桥桩较近。车站区域内控制性建（构）筑物有万丰桥、华堂商场、望园东里高层住宅楼、卢沟桥乡政府及宏景绿洲高层住宅楼，其风险等级如表 6-1 所示。

另外，还有卢沟桥乡政府、江湖一家饭店、安利大楼等，施工时需要根据设计图纸布设监控量测点，进行监测，确保安全。

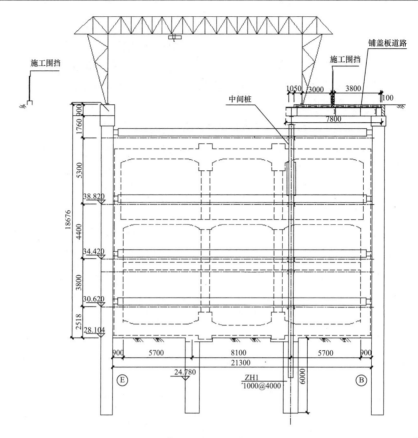

图 6-4 主体基坑剖面示意图（半铺盖）

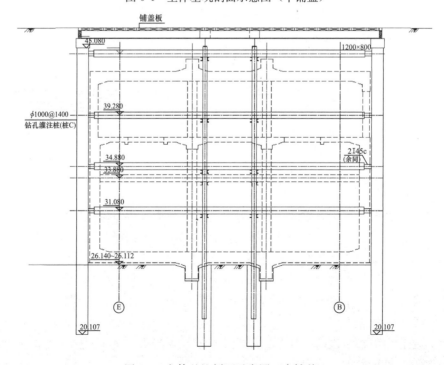

图 6-5 主体基坑剖面示意图（全铺盖）

环境风险表　　　　　　　　　　　　　　　　　　　　　　　　　表 6-1

环境风险工程	具体情况	等级
主体基坑邻近望园东里住宅楼	主体基坑深，距西侧 25 层望园东里住宅楼结构边 13.5（12.8）m	一级
换乘节点深基坑邻近万丰桥	换乘节点基坑位于万丰桥主桥跨附近，距桥桩最近点 13.6m，基坑底距桥桩桩基底 8.28m	二级
主体基坑邻近 9 层冠京饭店大楼	主体基坑深 18.8m，其距西侧 9 层冠京饭店大楼结构边 19.0m，换乘节点基坑深 26.52m，距该楼结构边 23.3m	三级

6.2.4　周边交通情况

丰台北路站位于北京市丰台区万丰路与丰台北路交叉口北侧，车站主体位于万丰路正下方，万丰路西侧有 5 个车道，东侧有 4 个车道，中间是绿色隔离带，连接莲石路、京港澳高速公路及丰台北路，交通流量大，是城市主干道之一。车站南端为丰台北路及高架桥，丰台北路也是城市主干道之一，连接西三环、西四环及京港澳高速公路，交通流量大。设计施工过程应充分考虑到交通问题，万丰路交通状况如图 6-6 所示。

图 6-6　万丰路交通状况图

6.3　预制装配式铺盖法车站结构形式选择

本章主要说明铺盖结合装配式铺盖法采用的结构形式、明盖结合结构形式的优缺点及丰台北路站主要采用的结构形式。

6.3.1　交通流量分析

1. 丰台北路站施工期间交通疏导

根据本站的总体施工顺序和工期安排，分别实施 5 期交通围挡，一方面保证交通畅通，一方面保证施工正常进行。

1）第 1 期围挡的交通疏导

主要用于完成 9 号线和 14 号线车站换乘节点以及 9 号线车站东侧围护桩及临时铺盖体系。围挡面积 4462m²，围挡时间约 1.5 个月。

2）第 2 期围挡的交通疏导

主要用于完成 9 号线与 14 号线车站换乘节点以及 9 号线车站中部围护桩及临时铺盖体系。

3）第 3 期围挡的交通疏导

主要用于完成 9 号线与 14 号线车站换乘节点以及 9 号线车站西侧围护桩及临时铺盖体系。

4）第 14 期围挡的交通疏导

主要用于完成 9 号线与 14 号线车站换乘节点以及 9 号线车站主体结构，同时对华堂门前出入口进行施工。围挡面积：4632m²，围挡时间约 14.5 个月。

5）第 5 期围挡的交通疏导

主要用于施工车站剩余出入口及风井、风道。围挡面积：5937m²，围挡时间约 6.5 个月。施工西南侧出入口敞口段时，需占用海航用地作为临时施工场地。

五期施工围挡交通导行都遵循了"占一还一"的原则，保证了每个施工阶段都留有双向 6 个机动车道，满足了现状交通流量的变化。

2. 交通流量统计

对修车站之前及各期施工围挡期间车流量进行了统计，取平均值后结果如图 6-7 所示。

由图 6-7 可知工程开始以后，车流量只是稍微地减少，并没有对交通造成较大的影响。

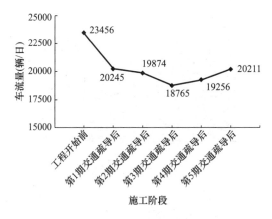

图 6-7　交通流量统计

3. 与全明挖法及半明半盖法的对比

郑州市轨道交通 1 号线一期工程市体育馆站，施工方法为全明挖法，开挖尺寸长 300m，宽 35m，施工过程中需完全占用快车道，东西两侧仅能各留出 3m 宽的一个车道通行，对交通影响严重。施工前的车流量为 18790 辆/日，施工过程中车流量为 9562 辆/日。

长沙地铁 2 号线长沙火车站位于城市交通繁忙地段，基坑开挖将采用明挖法与盖挖法相结合的施工方法，分两个阶段进行。第一阶段：车站路以东区域开挖 22m 宽、30m 长的基坑，基坑开挖至 5m 深后，基坑上部用盖板恢复开挖的路面。第二阶段：车站路以东区域的基坑施工在盖板下继续进行，与此同时，车站路开始基坑明挖施工，而途经该路段的车流将借道东侧的盖板路段通行。工程施工过程前交通流量调查为每日 19565 辆，第一阶段施工过程为每日 15850 辆，第二阶段施工过程为每日 16011 辆。

明挖法、半明半盖法、半明挖半铺盖板法交通影响因子比较如表 6-2 所示，在此引入一个简单的概念交通影响因子，用车站施工对交通的影响大小来评价这个交通影响因子

K，用参数表示为：

明挖法、半明半盖法、半明挖半铺盖板法交通影响因子比较

表 6-2

施工方法	车站实例	阶段	施工前正常车流量 （辆/日）	施工过程车流量 （辆/日）	交通影响因子 K
明挖法	市体育馆站	—	18790	9562	0.49
半明半盖法	长沙火车站	第 1 期交通疏导	19565	15850	0.19
		第 2 期交通疏导	19565	16011	0.18
半明挖半铺盖板法	丰台北路站	第 1 期交通疏导	23456	20245	0.14
		第 2 期交通疏导	23456	19874	0.15
		第 3 期交通疏导	23456	18765	0.20
		第 4 期交通疏导	23456	19256	0.18
		第 5 期交通疏导	23456	20211	0.1

K＝（施工前正常车流量－施工过程中车流量）/施工前正常车流量

K 为 0 表示无影响；K 为 1 表示完全阻碍。

4. 结论

1）由 5 期交通疏导可以看出丰台北路站施工期间最多只占用一半路面，甚至第五次交通导改施工期间只占用很小一部分路面，整个施工过程都能保证至少留有双向 6 个车道供车辆行驶。

2）地铁 9 号线丰台北路站施工期间占路约 25 个月，修车站之前交通流量大概为每天 23456 辆，工程开始以后车流量减少大概 15%，对路面交通的影响比较小。

3）与全盖挖相比，装配式铺盖法对交通的影响要略微大一些，但是在降低施工难度和加快施工速度方面，装配式铺盖法是具有明显优势的，综合对比，装配式铺盖法优于全盖挖法。

4）如果采用全明挖法施工，路面交通在施工的全过程中几乎被中断，会对交通造成严重的影响，对交通的影响因子为 0.49，相比之下，装配式铺盖法对路面交通的影响因子最大时为 0.2，因此，装配式铺盖法比明挖法具有明显优势。

5）与半明挖半盖挖法相比，这两种方法对交通影响的影响因子相差不大，但是半明挖半盖挖法恢复路面是用正常的回填加正常的沥青路面，灵活性不大，基本不具备拆除临时路面的条件，并且中间支撑需要很强的支撑能力才能保证恢复的路面的安全性。而用铺盖板法，具有很强的灵活性，可随时根据施工需要进行合理的交通导改措施，并且在不需要较大的出口的情况下，恢复超过一半的临时路面，具有半明半盖法不可比拟的优点。

6.3.2　丰台北路站的合理结构形式

丰台北路站主体基坑总长 201.836m，标准段总宽度 21.240m，车站北端及南端为盾构吊出井其宽度为 24.74m。其中标准段深度 18.8m，南端盾构井深 26.2m，北端深约 20m。主体结构位置多数所在地层为砂卵石地层，粒径多在 30～80mm，其中含有大漂石，漂石含量在 15%～45%，最大粒径在 650mm，除南端基坑底在地下水 1m 处，其他都不受地下水影响。

丰台北路站采用了围护桩加内支撑体系作为基坑支护体系，围护桩采用钻孔灌注桩，内支撑采用钢支撑，桩间喷锚。经过优化，标准段设置 4 道 ϕ609mm×16mm 钢管支撑、

水平间距为 3.5m，竖向间距依次为 3m、5.5m、4m、3.5m，末道撑距基底 2m。在南端设置 5 道支撑，支撑水平距离为 3.5m，竖向间距依次为 2m、6m、4m、4m、6m，末道撑距基底 4m，南北段各个角部设置 3～4 道角撑。

铺盖体系各参数如表 6-3 所示，临时中间桩距基坑边约 7m，纵向间距 4m，梁支撑采用型钢 H700mm×300mm×13mm×24mm，沿车站长度方向设置在中间桩顶部，铺板梁采用型钢 H700mm×300mm×12mm×30mm，与道路垂直布置，纵向间距 3m。铺盖板尺寸 3000mm×1000mm×200mm，平行于道路方向铺设，高程与现有的道路高程一致。

为保证中桩稳定性，沿车站纵向（中间桩 H 型钢弱轴方向）中间桩间设置水平杆件和斜撑连接，以增强中间桩的稳定性；车站南北两端沿车站横向中间桩间设置端头横撑和横向桩间支撑；同时钢管撑和中间桩进行连接，以确保中桩稳定。

采用明盖结合的装配式铺盖法符合目前我国的国情，采用钻孔灌注桩加钢支撑的围护体系作为基坑支护体系的做法比较成熟，支护体系布置设计合理。铺盖体系构件的布置根据施工需要和受力分析进行了优化，采用纵向间距 4m 的中间桩布置和 3m 长度的铺盖板是比较合理的，施工实践证明，这样的结构形式布置也是合理的。

铺盖体系参数表

表 6-3

构件名称		构件编号	尺寸及材料	备注
临时中间桩		GZ	型钢 H400mm×400mm×20mm×32mm	换乘节点段
			型钢 H400mm×400mm×13mm×21mm	
梁支撑		ZL	型钢 H700mm×300mm×13mm×24mm	
铺板梁		PL	型钢 H700mm×300mm×12mm×30mm	多种类型
铺盖板		PB	32a 槽钢 3000mm×1000mm×200mm	多种型号
铺板梁构件	铺板梁连接构件	④		
	抗倾覆构件	⑤	角钢 L80mm×6mm	
中桩稳定体系构件	纵向连接构件	①	2 根槽钢 33a	
	纵向桩间支撑	②	角钢 L140mm×10mm	
	端头横撑	③	型钢 H400mm×400mm×13mm×21mm	
	横向桩间支撑	⑥	角钢 2L140mm×10mm	换乘节点段
		⑦	角钢 L140mm×10mm	北端

6.4 丰台北路站施工关键技术

6.4.1 漂石地层机械成桩施工技术

1. 概述

目前北京地区在漂石地层成桩还没有进行很有成效的研究，尚未形成一整套适合于在漂石地层成桩的工法。人工挖孔法虽然可以成桩，但施工安全不易保证，很可能出现孔壁坍塌、高空坠物、有毒有害气体等可能造成人员伤亡的事故，且一旦发生事故，难以采取快速有效的施救措施，社会负面影响大，考虑到北京地区人工挖孔桩建制尚不成熟且管理不严格等因素，混凝土灌注桩施工不应大量采用人工成孔，而应以机械成孔为主。而就目前北京已实践的几种机械成孔工艺而言，尚未在漂石地层进行有效的尝试，根据钻机的性能，有的不适宜在漂石地层成孔，施工难度较大；有的虽然可在漂石地层中成孔，但在繁华地区易造成较大的环境污染，综合效益不好。究竟应该采用什么样的钻机，哪种施工工艺适合在漂石地层应用，我们需要去进行研究。为确保数量如此之多的围护桩的安全施工有必要探索针对北京漂石地层的有效机械成孔技术，从成孔效率、成孔质量、经济合理性及对周边环境的影响等出发，建立一套针对漂石地层的完整的机械成桩技术体系。

2. 成桩工艺

目前国内钻孔灌注桩成桩工艺，一般根据成桩过程中护壁的形式可以将钻孔灌注桩的机械成孔分为无护壁机械成孔、泥浆护壁机械成孔以及全套管护壁机械成孔，各种成孔工艺采用的钻机如图 6-8 所示。

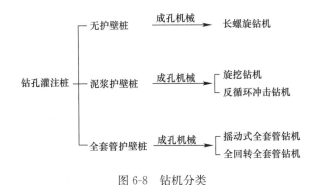

图 6-8　钻机分类

1) 无护壁桩

无护壁机械成孔的钻机主要为长螺旋钻机（图 6-9），为干作业施工，其工艺是通过安装在螺旋钻杆顶端的动力头转动钻杆钻入地层中，钻孔内的大部分土、石块借助于孔壁的摩擦力从钻杆叶片间排出地面，少部分被挤入孔壁中。该类钻机结构简单，使用可靠，成孔作业效率高、无泥浆污染、无振动、无噪声同时成本低、质量好，但是其使用范围受地下水位、桩长及土质等的限制。

图 6-9　长螺旋钻机

当该钻机遇上粒径较小的卵石时，长螺旋勉强可以将其带出，但是当遇上漂石时，长螺旋无法将其带出且又无法将其破碎，造成无法钻进，此时可以考虑将长螺旋更换为镶有硬质合金的筒钻破碎漂石，当漂石数量较少时，这不失为一种较好的解决方法。但是当漂石含量较多时，需要经常更换钻具，大大降低了钻进速度，其成孔工艺的优势荡然无存，同时在更换钻具的过程中由于桩孔无护壁，很可能出现塌孔，而长螺旋碰上漂石时亦很容易出现斜孔，垂直度很难保证。长螺旋钻机对单个漂石尚且疲于应付，更不必说大量的漂石了，所以漂石地层即使是小桩径、短桩身的灌注桩，其成孔不建议使用长螺旋钻机。

2）泥浆护壁桩

泥浆护壁桩一般针对地下水位较高的土层，为湿作业施工，对周边环境的泥浆污染较为严重。旋挖钻机基本上为泥浆护壁（泥浆不循环，为静态泥浆护壁），在一些特殊情况下也采用全套管护壁，如施工斜桩时。旋挖钻机近年发展迅速，在出土速度、泥浆污染以及振动造成的声污染、地层扰动方面均较正反循环和冲击钻机占优势，且其辅助钻头发展较为全面，钻头更换迅速。旋挖钻机是在一个可闭合开启的旋转钻斗底部及侧边镶焊切削刀具，借助动力头的转动带动钻杆旋转，利用钻杆压力和钻斗重量，使钻斗钻齿切入地层中，并旋转切削挖掘土层，同时使切削挖掘下来的渣土进入钻斗内，装满后关闭钻斗并将其提出孔外卸土，如此循环形成桩孔。

当碰上粒径较小的漂石时，可以通过加大钻杆压力的方式利用钻头钻齿破碎后带出或直接不经破碎带出，而当碰上粒径较大的漂石时，钻头无法将其破碎且又无法带出，造成钻进困难。如丰台北路站的围护桩曾采用旋挖钻机试桩，10m 以上地层钻进较为容易，渣土中卵石粒径多为 100mm 以下，而钻进至 10m 左右时，钻机进尺困难，扭矩增大，钻杆抖动加重，渣土中卵石粒径达到 200～250mm，并偶见 300～400mm 的卵石断裂碎块，当钻进至 13.5m 时，钻机采用自动加压已无法进尺，改为强制加压时，钻杆反弹上浮，仍无法钻进，钻头提出后，里面只有少量卵漂石碎块，同时发现钻头侧齿已崩角。可见旋挖钻头可以破碎漂石，但是其破碎能力有限，对大粒径漂石难于应付，此时可以考虑配合捆绑式潜孔锤进行漂石破碎，但是其配合应用尚没有形成系统，应用实例亦不多见。

3）全套管护壁桩

全套管护壁机械成孔也可称为贝诺特工法（Benotomethod），是法国贝诺特公司在 20 世纪 50 年代初发明的一种施工方法，其基本原理是利用摇动装置来回转动使钢套管与土层间的摩阻力大大减小，边搓动边压入，同时利用冲抓斗挖掘取土，直至套管下到桩底设计标高。其成孔机械有摇动式全套管钻机（Casingoscillator）、全回转全套管钻机（Casingrotator）。其中摇动式全套管钻机是利用两只摇动液压缸的伸缩使套管绕其中心以一定的角度往复转动。从而使套管最下端的切削齿剪切岩土体，降低套管压入阻力，靠另外两只液压缸将套管压入或从土中拔出，其主要的钻掘设备为落锤式冲抓斗。全套管护壁桩常用冲抓斗跟管钻进法钻进，此外还可配备旋挖钻头、扩孔钻头、短螺旋等多种钻掘设备进行综合钻进，如图 6-10 所示。

在漂石地层施工时采用冲抓斗超挖跟管钻进，冲抓斗入土超前套管 0.5m 左右以减少漂石对套管端头的磨损，对于粒径较小的漂石可以直接用冲抓斗抓或者将其破碎后抓出，如丰台北路站采用摇动式全套管钻机试桩时由冲抓斗直接抓出的漂石粒径达 570mm，而由冲抓斗直接破碎的漂石直径也达 320mm，对于冲抓斗无法破碎的大粒径漂石，可以用质量较大的十字冲击锤将其破碎后抓出。其在卵漂石地层中成孔灌注施工工序，如图 6-11所示。

随着桩基础工程的蓬勃发展，桩的直径越来越大，施工效率和精度要求越来越高，沉管所需的扭矩和压力也越来越大。在 20 世纪 80 年代中期由日本和德国的几家公司相继开

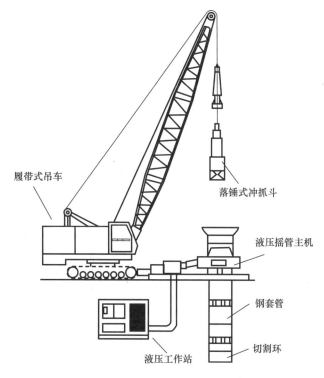

图 6-10　全套管护壁钻机示意图

发成功全回转全套管钻机，即在沉管设备和工艺上做了较大改进，套管的沉入方式是连续的 360°全回转。相对于摇动式全套管钻机，其沉管液压设备的扭矩较大，沉管直径可达 3m，外套管具有很强的进尺和切削能力，沉管深度可达 150m。所以摇动式全套管钻机主要针对较小直径（1.5m 以下）钻孔灌注桩，而全回转全套管钻机则可用于较大直径（1.5～3.0m）钻孔灌注桩。全套管护壁机械成孔由于套管的强护壁作用，对地层扰动小，不会出现塌孔、斜孔等危险，同时对周边环境无泥浆污染，噪声小，很适合于城市地区的漂石地层施工。

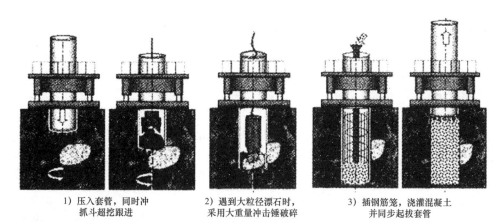

1）压入套管，同时冲　　　2）遇到大粒径漂石时，　　　3）插钢筋笼，浇灌混凝土
抓斗超挖跟进　　　　　　采用大重量冲击锤破碎　　　并同步起拔套管

图 6-11　全套管钻机在漂石地层的成桩示意图

高频液压振动沉管机成孔是最近几年（2006 年提出）发展起来的一种全新工艺，利用高频液压振动锤作为主要施工机械，通过高频液压振动将具有强穿透能力的外钢护筒沉入地下，其配套的取土方式为取土管，即将一根与外钢护筒等长、底部带了取土活门、直径略小于外钢护筒直径的取土管用高频液压振动锤沉入外钢护筒内，待土装到一定量后提出取土管，打开取土活门卸土。由于该工法刚发展，在液压振动下外钢护筒对大粒径漂石的切割能力尚需进一步研究，且其在漂石地层的施工也不多见。

以上就是国内常用的成孔工艺及其机械，对各种类型成孔机械的适宜性的汇总见表 6-4。

不同类型成孔机械的适宜性　　　　　　　　　　表 6-4

钻机类型	代表性钻机	卵漂石粒径（cm）			优点	缺点
		$d<20$	$20{\leq}d<30$	$d{\geq}30$		
无护臂机械成孔	长螺旋钻机	适宜	较适宜	不适宜	成孔效率高，无泥浆污染，成本较低，设备丰富	成孔深度小，遇较大卵漂石需做特殊处理且进尺缓慢
泥浆护壁机械成孔	旋挖钻机	适宜	较适宜	不适宜	成孔效率高，成本较低，设备丰富	泥浆污染，卵石粒径大时，进尺缓慢，甚至不能成孔
钢套管护臂机械成孔	钢套管钻机	适宜	适宜	适宜	噪声小，无泥浆污染，成孔质量高，设备较丰富	大型机械需要较大场地，拔套管较为困难，漂石粒径大时钻进较慢

可见，全套管护壁桩较前两种桩应用范围更广，可适用于各种土层，而且施工环境好，对周边环境无泥浆污染，特别适合于城区施工，只是其造价较高，可能两倍于泥浆护壁桩。综合以上工艺，在现有技术的基础上，我们可以得出全套管钻机是最适宜用于城市繁华地区大漂石地层成桩的机械，能满足城市施工对施工环境的高要求。

3. 全套管钻机在丰台北路围护桩施工中的应用

车站主体基坑采用 $\phi1000$ 围护桩，总计 281 个，采用全套管冲抓成孔法进行施工。临时中间桩 104 个，采用人工挖孔方式成孔。

Z1、Z2、Z3、Z4、Z44、Z45 中间桩和 W275 围护桩人工挖孔过程中，在距离桩底 2～4m 时遇到地下水，人工挖孔无法施工，所以改为冲击钻机施工至桩底。

车站南侧部分围护桩，因为高压线的影响，无法使用全套管钻机施工围护桩，改为冲击钻机（俗称乌卡斯）施工围护桩。

车站西侧中间桩，地质结构与东侧中间桩相同，预计人工挖孔时，部分桩会遇到地下水，需要使用冲击钻机施工桩。

冲击钻机 2009 年 5 月 5 日进场，5 月 7 日开始施工，5 月 15 日完成 Z1、Z2、Z3、Z4、Z44、Z45、W275 的施工。高压线处围护桩在交通导改和南侧围挡完成后进行冲击钻机的施工。

1）施工工艺

（1）钻机就位

对于人工挖孔桩，Z1、Z2、Z3、Z4、Z44、Z45 中间桩和 W275 围护桩，无需制作井圈，可以以原人工挖孔的混凝土井筒为井圈。对于其他围护桩或者中间桩，需要在柏油路面上切割出圆形的井圈，人工挖孔 1m 深井筒，方便钻机就位、冲击。

钻机就位后垫方木于钻机底座下面，将钻机整平并对准孔中。钻机安装后底座和顶端要平稳，用水平尺测量，保证在冲击钻进过程中不出现偏移。保证桩位正确及桩的垂直度。钻机就位后，质控人员初验后，报请驻地监理单位现场验收，满足设计要求后方可冲击钻进。

（2）钻孔施工

向井内加红土和水，用冲击锥小冲程搅拌制造泥浆，然后开始钻进。先小冲程开孔，使孔壁坚实，对钻头起引导作用，钻进深度超过钻锥全冲程时，可正常钻进。钻进过程中根据地质情况控制冲程，保证钻孔质量及钻孔速度。当泥浆稠度过大时，将孔内泥浆掏出，并注入清水，注意保持孔内水面高程。

钻进过程，土质地层的钻孔泥浆比重控制在 1.2～1.3，石质地层泥浆比重控制在 1.35～1.45。采用掏渣清孔法，用掏渣筒将孔底钻渣掏出，并注入新鲜泥浆，直至泥浆稠度满足清孔要求。注意在清孔时，应保证孔内水头，防止塌孔。

普通土层和石层的钻进，开孔时采用小冲程、慢钻进的方法钻进。钻进时，遇到不平整岩面，应控制大冲程和进尺速度不宜过快，且投掷一定数量的片石填平岩面，使岩层均匀受力，避免偏孔或斜孔。

钻至设计高程以下 30～50cm，经驻地监理确认后，进行垂直度检查，制作外径比被检桩钢筋笼直径长 10cm（但不大于钻头直径）、长度不小于 4D（D 为桩直径，D＝1～1.5m）的钢筋笼检孔器，用吊车调入孔内，若上下通行无阻碍，则垂直度符合要求，进行清孔，否则垂直度不合格，采用大钻头上下扫孔，直至垂直度符合要求为止。

在施工 Z1、Z2、Z3、Z4、Z44、Z45、W275 中间桩时，因为这些桩只差 2～4m 未成孔，所以制拌泥浆高度只需满足掏渣筒的正常使用，一般泥浆高度 3～4m 即可。

经监理现场确认，停止钻进，进行清孔。成孔质量应符合表 6-5 规定。

成孔质量控制　　　　　　　　　　　　　表 6-5

项目	允许偏差
孔的中心位置（mm）	群桩 100；单排桩 50
孔径	不小于设计桩径
倾斜度	小于 1%
孔深	不小于设计规定
沉淀厚度	符合设计要求；设计无要求时，直径不大于 1.5m 的桩，不大于 300mm
清孔后泥浆指标	相对密度：1.03～1.10；黏度 17～20；含砂率小于 2%；胶体率大于 98%

注：干桩成孔后应无沉淀厚度。

2）关键技术

（1）灌注水下混凝土是成桩的关键性工序，灌注过程中应分工明确，密切配合，统一指挥，做到快速、连续施工，灌注成高质量的混凝土，防止发生质量事故。

出现事故时，应分析原因，采取合理的技术措施，及时补救。对于确实存在缺点的钻孔桩，应尽可能设法补强，不能轻易废弃，造成过多的损失。

（2）主要事故发生原因及处理方法

导管进水原因：

① 首批混凝土储量不足，或虽然混凝土储量已够，但导管底口距孔底的距离过大，混凝土下落后不能埋没导管底口，以致泥水从底口进入。

② 导管接头不严，接头间橡皮垫被导管高压气囊挤开，或焊缝破裂，水从接头或焊缝中流入。

③ 导管提升过猛，或探测出错，导管底口超出原混凝土面，底口涌出泥水。

预防和处理方法：

① 第一种原因引起，应立即将导管提出，将孔底的混凝土拌和物用水泥石泵吸出，不得已时将钢筋笼重新提出采取复钻清除。然后重新下放骨架、导管，并投入足够储量的首批混凝土，重新灌注。

② 若上述第②、③种原因引起，应视具体情况，拔换原管重下新管；或用原导管插入续灌，但灌注前均应将进入导管内的水和沉淀土用吸泥和抽水的方法吸出。如果重下新管，必须用潜水泵将管内的水抽干，才可继续灌注混凝土。为防止抽水后管外的泥水穿透原灌注混凝土从导管底口翻入，导管插入混凝土内应有足够的深度，一般宜大于200cm。

卡管原因：

① 初灌时隔水栓卡管，或由于混凝土本身的原因，如坍落度小、流动性大、夹有大卵石、拌合不均匀，产生离析、导管接缝处漏水，造成导管堵塞。处理办法用长导管冲捣管内混凝土，用吊绳抖动导管，或在导管上安装附着式振动器，使隔水栓下落。如果不能下落，则将导管连混凝土提出，进行清理修整，重新下管。

② 机械故障或其他原因使混凝土在导管内停留时间过长，或灌注持续时间过长，最初灌注的混凝土已经初凝，增大了导管内混凝土下落的阻力，混凝土堵在管内。其预防方法是灌注前仔细检修灌注机械，并准备用机械，发生故障时立即调换备用设备；同时采取措施，加快混凝土的灌注速度。

塌孔原因：

① 在灌注过程中，如发现井孔护筒内水（泥浆）位忽然上升，溢出护筒，随即骤降并冒出气泡，应怀疑是塌孔征象，可用探测仪探头或测深锤探测。

② 塌孔原因可能是护筒底脚周围漏水，孔内水位降低，以及由于护筒周围堆放重物或机械振动等，均有可能塌孔。

③ 发生塌孔后，查明原因，采取相应措施，如保持或加大水头，移开重物、排除振动等，防止继续塌孔。然后用吸泥机吸出塌入孔内的泥土；如不继续塌孔，可恢复正常灌注。如塌孔仍不停止，坍塌部位较深，宜将导管拔出，将混凝土钻开抓出，同时将钢筋笼抓出，只求保存孔位，再以黏土掺砂砾回填，待回填土沉实时机成熟后，重新钻孔成桩。

埋管原因：

① 导管无法拔出称埋管，其原因是：导管埋入混凝土过深，或导管内混凝土已初凝，使导管与混凝土间摩擦阻力过大，或因提管过猛将导管拉断。

② 预防办法：严格控制导管埋深不超过6~8m；在导管上端安装附着式振动器，拔管前或停灌时间较长时，均应适当振捣，使导管周围混凝土不致过早的初凝；首批混凝土掺入缓凝剂，加速灌注速度；导管螺栓事先检查是否稳妥；提升导管时不可猛拔。

6.4.2　铺盖体系施工技术

1. 概述

丰台北路站在国内首次引进、吸收、消化再创新地应用了装配式铺盖板法，铺盖体系是施工过程中的重要内容，铺盖体系施工质量直接关系到整个工程的施工质量。临时中间桩的施工又是铺盖体系施工过程最重要的部分，临时中间桩直接支撑起整个铺盖体系，并承受上部荷载。临时中间桩施工的精确度需要严格控制；而梁支撑、铺板梁及连接构件是支撑和控制稳定的重要构件，也需要严格控制质量；铺盖板直接承受上部荷载。本技术主要解决了中间桩施工过程中的精确度问题，各构件之间的连接问题，以及施工工艺问题。

2. 临时中间桩施工

临时中间桩施工内容包括人工挖孔施工（挖至预定位置安装底部定位器预埋件）、下钢筋笼、装定位器、H 型钢就位、浇筑混凝土等，成孔采用复合式成孔工艺，中桩定位采用在孔口安装定位器的方法进行，其施工流程如图 6-12 所示。

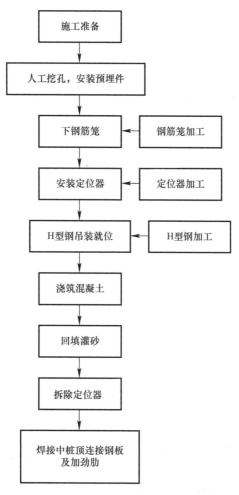

图 6-12　临时中间桩施工流程图

3. 梁支撑、铺板梁施工

梁支撑采用 H700mm×300mm×13mm×24mm 型钢，沿车站长度方向设置在中间桩顶部，南北端设置在冠梁上，通过预埋锚栓与冠梁进行连接。铺板梁铺设在梁支撑和东西两侧冠梁上，通过螺栓与梁支撑连接，通过预埋锚栓与冠梁连接，如图 6-13 所示。

梁支撑的安装主要采用栓接。施工时，梁支撑 H 型钢采用 10t 汽车吊吊装就位，由北往南安装，其施工顺序为：

（1）首先进行梁支撑与北端冠梁预埋锚栓的连接；

（2）梁支撑与中间桩顶钢板通过螺栓进行连接；

（3）进行梁支撑之间的连接。

铺板梁的安装采用栓接工艺，其加劲肋采用焊接工艺。

施工时采用吊车吊装就位，由北往南施工，与冠梁及梁支撑进行连接，其施工流程为：

（1）铺板梁安装；

（2）铺板梁连接构件安装；

（3）抗倾覆构件安装。

4. 连接体系施工

临时中间桩是路面竖向载荷的主要承载构件，其不仅要满足强度、刚度的要求，更重要的是要确保稳定性。为此在临时中间桩之间设置了一些构件，组建中间桩稳定体系，其主要包括：钢支撑与中间桩的连接、纵向连接构件、纵向桩间支撑、端头横撑以及横向桩间支撑等。

临时中间桩稳定体系的施工，随土方开挖进行。

中间桩稳定体系各构件，利用龙门吊吊运，通过出入口下料。在底部安装时，利用手动拉链葫芦进行吊装。各连接支撑的设计与所需材料已在第 4 章详细介绍，这里针对项目施工对施工顺序进行说明：

（1）土方开挖到设定位置时，架设钢管支撑；

（2）测量放线，测出中间桩加强钢板螺栓孔孔位，用磁力钻现场钻孔；

（3）螺栓连接中间桩和加强板；

（4）焊接翼板。

5. 铺盖板施工

铺盖板的现场安装由施工单位主要负责。详细安装流程及关键质量控制指标参考第 4.15 节。图 6-14 和图 6-15 为梁支撑、铺板梁及铺盖板安装效果图和铺盖板施工效果图。

图 6-13　梁支撑、铺板梁安装

图 6-14　梁支撑、铺板梁及铺盖板安装效果图

6.4.3　铺盖板防水技术

1. 概述

相较于传统的明挖法、矿山法和铺盖法等施工工法，装配式铺盖法凭借其构件标准

化、拆装快速、配件可重复利用、工程造价低等优势，在未来城市地下工程得到了广泛的推广，其中，在北京地铁 9 号线丰台北路站的顺利实施，标志着这一工法引进的成功。但是，该工法也存在一些问题，尤其是盖板防水方面，实际施工中，容易遭遇降雨或其他地面积水，装配式盖板防水性能不佳容易导致地表水沿安装缝隙流入基坑内，严重影响工人的施工环境和工程的施工质量。在国内外的铺盖法施工实例中，尚未形成有效的铺盖板防水体系，亟需提出一种有效的铺盖板防水方法，来保证地铁车站顺利施工。为解决装配式盖板的防水密封问题，通过对吊装孔和板缝间施作填充处理，提出了一种铺盖板防水技术。

2. 板缝间的防水

铺盖板缝填充材料采用双层 PE 发泡棒＋单组分聚氨酯防水涂料，铺盖板板缝间隙大于或等于 5mm 时，填塞的 PE 发泡棒直径为 10mm；铺盖板板缝间隙低于 5mm 时，填塞的 PE 发泡棒直径为 5mm。聚氨酯防水材料是指单组分聚氨酯防水材料。图 6-16 为铺盖板板缝防水施工图，其步骤为：

1）清除铺盖板板缝间的杂物，用钢丝刷子刷去浮锈，再用棉丝擦净；

2）填塞第一层 PE 发泡棒，放入板缝间深 80mm 处；

3）用聚氨酯防水涂料连续灌注板缝，灌注深度 50～60mm，灌注时需连续灌注跨过铺盖板十字相接位置处；

4）填塞第二层 PE 发泡棒，第二层 PE 发泡棒距板顶 10mm；

5）用聚氨酯防水涂料灌注剩余板缝至板顶，分两次灌注，第一次灌注高度比铺盖板边缘低 2～3mm，固化后，再将板缝灌平，灌注时需连续灌注跨过铺盖板十字相接位置处；

6）静置至少 24h。

图 6-15 铺盖板施工效果

图 6-16 铺盖板板缝防水施工

3. 铺盖板吊装孔的防水

铺盖板缝填充材料采用双层 PE 发泡棒＋单组分聚氨酯防水涂料。橡胶棒预制件为具有一与吊装孔直径相匹配的长圆柱，长圆柱的顶部有一与长圆柱一体的短圆柱，短圆柱与吊装孔的沉孔相匹配。且橡胶棒预制件的长圆柱的下端部开有半球形的内凹腔。聚氨酯防水材料用双组分聚氨酯防水材料。图 6-17 为吊装孔防水施工图。

包括以下步骤：

1）清除铺盖板吊装孔内的杂物；

2）取一橡胶棒预制件，在橡胶棒预制件外表面均匀涂刷聚氨酯防水涂料；

3）把橡胶棒塞入吊装孔内；

4）用聚氨酯防水涂料进行封口处理，使与周围板壁平整。

图 6-17　吊装孔防水施工

6.4.4　铺盖体稳定性控制技术

1. 概述

铺盖体系的稳定性直接关系到工程的施工质量，其中，中间桩的施工质量、连接体系、基坑开挖步序直接决定了铺盖体系的安全稳定，为了保障工程质量，提高工程效率，针对中间桩型钢的精确定位、连接体系施工、基坑开挖步序等形成了一套铺盖体稳定性控制技术。

2. 基坑开挖步序

临时中间桩的连接体系是在土方开挖到设定位置时安装的，土方开挖的步序也直接关系到中间桩的稳定，未开挖时，中间桩周围用砂土填实，从侧向上限制中间桩的弯曲变形，开挖后及时施工连接体系保证中间桩的稳定。

主体基坑自南向北开挖，北端作为存土场。根据临时支撑的分布情况及反铲挖掘机的性能，西侧采用 4 台反铲挖掘机接力开挖的方法，东侧土方横向运输采用微型挖掘机倒土到西侧马道如图 6-18、图 6-19 所示。

1）施工过程

（1）自地面分级、分层放坡开挖至第一道钢管支撑底部，土方开挖高度为 3m，坡度 1∶1。

（2）冠梁以下土体，每个台阶各设一台反铲挖掘机同时开挖，土方接力挖到运输便道的自卸汽车上。

（3）丰台北路站坑底挖土至自卸汽车的过程为：

第一台反铲置于下部台阶，对于主体基坑：停机面高出基底设计标高 2.9m，挖掘深度 3.1m。基底均留 0.2m 厚土方由人工清底，挖土甩放在该层台阶后部，由中层台阶及反铲接力。

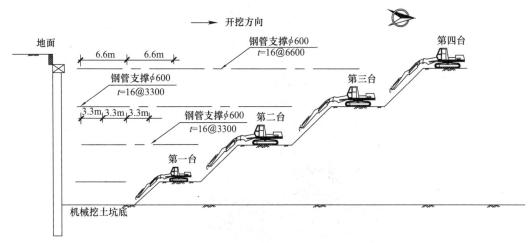

图 6-18　丰台北路站主体基坑开挖剖面示意图

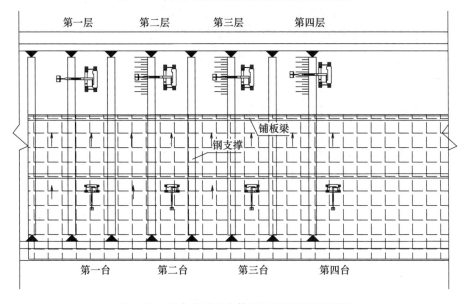

图 6-19　丰台北路站主体基坑开挖平面示意图

第二台反铲置于中部台阶，对于主体基坑：停机面高出基底设计标高 8.9m，挖掘深度 6.0m。

第三台反铲置于上部，停机面为上层钢管支撑管底，对于主体基坑：挖掘土深度 6.2m。

南端三层站多一台挖掘机，施工原理类似。

（4）土方开挖每层台阶的长度，根据机械开挖作业要求，控制在 15m 左右。

（5）基坑中最后少量土方由吊斗垂直提升出土。

2）施工注意事项

机械挖土作业的同时，为保证边坡的稳定性，应配合人工对边坡进行修整，为防止挖掘机作业时扰动基底原状土，规定挖掘机挖土的标高控制在基底设计标高 20cm 以上，剩余的 20cm 厚土体人工清底。

6.4.5 铺盖板临时快速拆除技术

采用第 4 章中提到的铺盖板临时快速拆除技术进行施工应用，铺盖板与铺板梁之间的连接如图 6-20 所示，该技术可以高效拆除铺盖板，降低铺盖板的消耗，节省施工成本，大大提升施工速度，具有良好的社会经济效益。

图 6-20　铺盖板与铺盖梁连接图

6.5　丰台北路站管线原位处治技术

丰台北路站基坑范围内管线种类众多，这是国内繁华地区道路下方管线状况的一个代表。对于许多在主干道路下方设置的地铁车站，施工中都将会遇到众多管线需要处理的情况。国内对于影响基坑施工的管线，通常的做法多是拆除后在施工红线内进行临时改移，待车站结构施工完毕后原位恢复，或者是在红线内其他地方永久改移。但是改移管线存在施工费用较高，多次扰动地层和管线，且对周围交通和人民生活影响较大，在城市繁华地区越来越狭窄的施工环境条件下，采用改移方法困难重重，已经不符合未来发展的需要。考虑到北京市经济、社会发展现状及地铁车站施工方法发展方向，丰台北路站引进了新兴的地铁车站施工方法：装配式铺盖法，装配式铺盖法最突出的优点之一就是可以实现管线的原位悬吊保护，避免对管线的改移。由于装配式铺盖法是在国内首次应用，管线悬吊的方法和技术还没有进行深入的研究。本文结合我国国情，研究装配式铺盖法施工前提下管线悬吊的要求和管线悬吊方法，并以悬吊实例来分析管线悬吊的可行性和经济性。

6.5.1 丰台北路站管线悬吊实例

1. 概述

由于铺盖板下管线悬吊技术是首次在国内应用，许多管线产权单位心存芥蒂，故只对基坑南端 DN400 中水管线进行了悬吊保护，作为悬吊试验管线，其他管线仍旧采用改移方法施工。

DN400 中水管线为球墨铸铁管，承插式柔性接口。横穿车站且平行车站南端墙，管道中心距南端墙 3m，穿越距离为 25.5m。管顶距铺盖体系纵梁 0.7m，管底距车站结构顶面

1.3m。中水管线处于运行状态，管内部运行压力为 0.3～0.4MPa。

2. 管线悬吊结构形式

按照管线悬吊的常用方法，首先将铸铁管，更换为钢管，仍按原来的主支线形式来布置钢管并预留基坑方向支线接口。更换为钢管后，整条主线全长无缝，主支线处焊接连接就可以避免铸铁管承插接口处强度不足或出现漏水等情况。

考虑国外已有的悬吊形式，结合国内实际，整个悬吊结构以钢构件为主，以工字钢 20b 作为悬吊横梁，间距 1000mm，横梁焊接在铺板梁上。利用 ϕ18 可调节螺杆以及槽钢 14b 底托组成悬吊结构，在横梁上焊接两个 14b 槽钢，14b 槽钢作为中水管线的悬吊纵梁。ϕ18 可调节螺杆分别与 14b 槽钢纵梁和底托槽钢采用螺栓连接。底托由 14b 槽钢及两块木楔和橡胶垫组成，木楔放于槽钢之上，顶紧中水管道，橡胶垫增强管道与槽钢的接触面积。木楔后使用 63mm×63mm×5mm 角钢固定（与槽钢焊接）。具体结构参数及结构形式如图 6-21 所示。

利用钢构件作为承重结构，可调式吊杆满足了悬吊结构可伸缩的要求，从而改变管线的受力状态。木楔的设置可以增大底托和管线的接触面积，减小了应力集中程度，同时木楔的斜向坡度对管线增加了横向约束，可以保证管线的横向稳定，如图 6-22、图 6-23 所示。

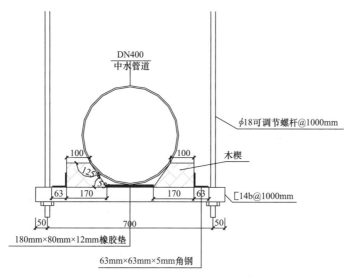

图 6-21　车站南端 DN400 中水管道悬吊局部详图

为了对悬吊管线进行日常检查，特在管线下方设置了检修平台，平台的做法如下：

1）采用 100mm×100mm×10mm 角钢作为平台两侧的承托主梁，平台宽度 1.9m。两侧角钢之间焊接 ϕ22 钢筋作为底杆，间距 400mm，角钢上方铺设 300mm×50mm 木板，为了保证平台平整，木板上方铺设 10mm 厚石膏板。

2）将上述平台采用 ϕ22 钢筋与工字钢 20b 悬吊梁进行悬吊焊接，钢筋间距 2m。ϕ22 钢筋下端延长至与有关铺盖体系构件焊接。

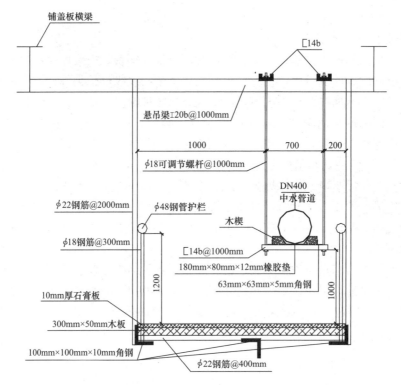

图 6-22　车站南端 DN400 中水管道悬吊横断面示意图

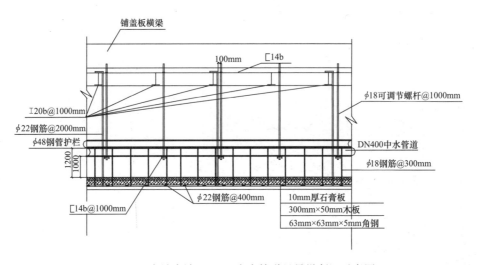

图 6-23　车站南端 DN400 中水管道悬吊纵断面示意图

　　3）在平台底往上 1.2m 处，使用 ϕ48 钢管搭设护栏，每隔 0.3m 使用 ϕ18 钢筋与钢管、平台角钢焊接牢固。

　　在管线方向上附近有中间桩时，在两个中间桩间焊设 14 号槽钢，槽钢呈立状焊接于中间桩翼板上，槽钢也承托管线。

　　这样一套的悬吊组合结构形式实现了对管线的全方位的支护，既能满足承载的要求，同时又可以保证管线的横向稳定，同时又便于管线的日常检查与监测工作，如图 6-24～

图 6-26 所示。

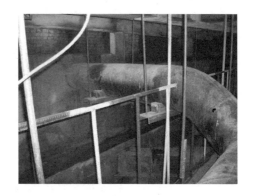

图 6-24　中水管线悬吊现场　　　　　　　　　图 6-25　中水管支线悬吊现场

3. 施工流程

管线物探→围护桩、中间桩施工→土方开挖→梁支撑、支撑梁安装→管道底托位置开槽→安装悬吊组合吊架→调整管线标高→布设应变计→土方开挖→安装检修平台→安装铺盖板→土方开挖→围檩、钢支撑架设→主体结构施工→土方回填→检修平台拆除→悬吊结构拆除。

图 6-26　检修平台现场

4. 施工措施

1）开槽：沿管线方向开挖宽 1m、管顶下深 0.25m 沟槽。

2）悬吊底托位置开挖：垂直于管道方向，在悬吊结构位置（间距 1m）开挖土方，底托沟槽开挖宽度 30cm，开挖深度管底下 20cm，以便底托槽钢从下方穿过。

3）安装悬吊梁：在托架位置上方，两根铺盖横梁之间每隔 1m 架设 20 号工字钢，工字钢两端与铺盖横梁焊接牢固。

4）悬吊梁上方槽钢安装：槽钢预留螺栓孔，位置与可调节螺杆上下对应，槽钢与悬吊横梁交叉部位焊接牢固。

5）管线悬吊：先安装管道下方橡胶垫，橡胶垫位于管底中间。然后采用长螺杆将上下槽钢拉紧，螺栓紧固力度不要过大，使螺栓绷紧即可。最后，安装木楔，木楔顶紧后，在木楔后方使用 63mm×63mm×5mm 角钢固定（与底托焊接）。

6）在所有构件均安装完毕后，管线的悬吊保护工作基本完成，此时，邀请管线监护单位相关人员一起根据现场情况及管线状况确定管线的悬吊标高，通过调整 $\phi18$ 可调节螺杆的螺母进行管线标高调整，直到达到要求标高。

7）在结构施工阶段，保证现况管线悬吊体系的独立性，严禁在其上进行悬吊重物，支搭临时路面体系，以防止现况管线振动破坏。

8）悬吊范围主体结构完成，管线下方50cm内土体必须采用良好砂土回填，土方回填至悬吊管底20～30cm时，由两端开始分段拆除吊杆和底托，先在管道下吊杆之间用砖垛垫住管道，然后拆除砖垛两旁的底托和吊杆，每次拆除长度不超过2.0m，回填土方夯实固定管道后再拆除下一段。逐步拆除吊杆和底托后，填土稳固全段管道，并用土将管道全部盖住。然后再拆除悬吊梁。

6.5.2 悬吊管线监测结果分析

由于铺盖体系下管线悬吊是首次进行，所以对管线进行了密切监测，应变计布置在管线跨中及1/3位置管顶和管底，监测频率为1次/天，图6-27为每周末计算得到的跨中管底应变值和挠度值。

由图6-27可知，管线的最大挠度值为3mm左右，变形值较小。

$$\frac{3}{400} \times 100\% = 0.75\% < 6\%$$

$$\frac{3}{25500} \times 100\% = 0.01\% < 2\%$$

6%为钢管垂径的控制值，2%为钢管的平直度控制值，垂径和平直度都远小于控制值，管道的安全不会出现问题。

6.5.3 试验管线改移与悬吊经济性对比

丰台北路车站分别采用明挖法、盖挖法、军用梁铺盖法、浅埋暗挖法和装配式铺盖法5种方法施工，对影响工程总投资的几个主要因素进行经济效益比较，如表6-6所示。其中明挖法采用钻孔灌注桩和钢支撑作为围护结构施工，盖挖法分两次进行交通导改，军用梁法车站南端和北端盾构出入井架设军用梁，浅埋暗挖采用侧洞法施工。

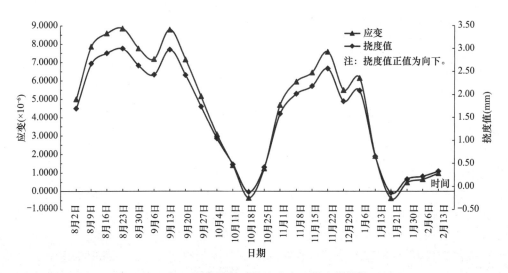

图6-27 悬吊管线跨中管底应变和挠度计算值

施工方法经济效益比较 表 6-6

比较内容 \ 施工方法	明挖法	盖挖法	军用梁	暗挖法	装配式铺盖法
交通导改费用（万元）	5000	300	5000	0	300
管线改移费用（万元）	4700	4700	4700	500	1000
工程工期内管理费用（万元）	600	900	900	900	900
工程结构费用（万元）	6500	7500	7000	9000	7300
路面临时结构（万元）	0	0	500	0	400
工程总投资（万元）	16800	13400	18100	10400	9900
评价	工程投资高交通影响大需绕行	投资高，对交通有一定影响	投资相对高，交通影响大，需绕行	投资相对高，对交通基本无影响，风险较大	投资低，对交通影响小

从表 6-6 中可知，由于道路条件受限，丰台北路站采用明挖法和军用梁法施工，则增加了交通导改费用和管线改移费用；采用暗挖法工程风险较大，工程结构费用也相应增加；采用盖挖法增加了管线改移费用。对比 5 种施工方法的施工费用，可以看出装配式铺盖法由于缩短了工期且不需要管线改移，节省了费用，工程总投资最低，经济效益明显。其中，管线改移费用方面，管线改移需要花费 4700 万元，而管线悬吊只需要花费 1000万元，不仅节省了施工成本，同时还能减少对交通的影响，具有良好的经济效益和社会效益。

6.6　监控量测与信息反馈

丰台北路站主体基坑采用装配式铺盖法施工，对基坑的支护结构及铺盖体系，以及周边环境进行了监测，检测体系如表 6-7～表 6-9 所示，其中针对铺盖体系各项目的有关监测还没有进行过。结合丰台北路站实际，提出了铺盖体系各项目的监测方法，并对铺盖体系各监测项目结果进行了分析，得到了一定的规律，对于其他必测项目分析了监测结果。图 6-28 为丰台北路站测点布置图。

本车站基坑施工监测对象 表 6-7

监测对象分类	主要监测对象
基坑围护结构	围护桩、钢支撑
基坑铺盖体系	铺盖板、铺板梁、临时中间桩、格构
基坑周边环境	西北象限的冠京大厦（9 层）及望园东里住宅楼（24 层） 东北象限的卢沟桥乡政府办公楼（2～5 层）及宏景绿洲住宅楼（22 层） 基坑周边地表 十字路口的万寿路高架桥 丰台北路路南的 DN219 高压液化气、丰台北路路中 D2200 污水及 3200mm×2000mm 雨水方沟、丰台北路路北 DN1000 上水、新改移的 D1600 雨水和 D500 污水；万寿路南延路东的 DN500 中压燃气及新改移的 D1000 污水、D2200 雨水以及万寿路南延路西的 DN600 上水

支护结构及周边环境监测表　　　　　　　　　　　　　　表 6-8

监测对象	序号	测量项目	测点布置	监测精度	控制标准	监测频率	监测仪器
支护结构	1	桩顶水平位移	基坑短边中点，阳角处，基坑长边间距 10m	0.1mm	19mm，2mm/d	基坑开挖期间基坑深度 h：$h{\leqslant}5$，1 次/3d；$5m{<}h{\leqslant}10m$，1 次 2d；$10m{<}h{\leqslant}15m$，1 次/d；$h{>}15m$，2 次/d。基坑开挖完成后：$1{\sim}7d$，1 次/d；$7{\sim}15d$，1 次/2d；$15{\sim}30d$，1 次/30d；30d 以后，1 次/周；经分析基本稳定后，1 次/月	全站仪
	2	桩顶沉降	基坑短边中点，阳角处，基坑长边间距 10m	0.1mm	5mm，1mm/d	水准仪
	3	桩体变形	主测断面测量，两侧桩对称布置测点，沿桩竖直方向测量间距为 0.5m。监测深度同桩深	1mm	19mm，2mm/d	测斜仪、测斜管
	4	支撑轴力	主测断面测量	0.1kN	设计值	轴力计、读数仪
	5	腰梁变形	主测断面测量	0.1mm	$L/600$（L 为腰梁跨度）	水平尺
周边环境	6	地表沉降	主体主测断面一～六；沿基坑四周距坑边 10m 范围内布设两排，排距 3～8m，点距 5～10m	0.1mm	19mm，2mm/d	水准仪
	7	坑底隆起	主体主测断面一～四，每个断面坑底设三个测点	0.1mm	15mm，2mm/d	水准仪
	8	地下水位	基坑四角及长短边中点布置测点，测点距围护结构 1.5～2m	5mm	基底以下 1.0m	电测水位计
	9	地下管线沉降	对基坑以外 36m 范围内管线进行监测，沿管线 5～15m 布置一个测点，街头及检查井处须布置测点	0.1mm	按评估要求	水准仪
	10	周围建（构）筑物沉降、倾斜	基坑以外 36m 范围内，建筑四角上，高低悬殊、新旧连接、伸缩缝、沉降缝和不同埋深基础的两侧	0.1mm	按评估要求	水准仪 经纬仪
	11	周围建（构）筑物裂缝	基坑以外 36m 范围内，建筑四角上，高低悬殊、新旧连接、伸缩缝、沉降缝和不同埋深基础的两侧	0.1mm	按评估要求	裂缝计

铺盖体系监控量测表　　　　　　　　　　　　　　　　表 6-9

序号	测量项目	测点布置	监测精度	控制标准	监测频率	监测仪器
1	铺盖板、铺盖梁、梁支撑及中间桩内力	主测断面监测换乘节点处加强	0.1kN	设计值	1 次/d	表面应变计 频率接收仪
2	铺盖板、铺盖梁、梁支撑及中间桩变形	主测断面监测换乘节点处加强	0.1mm	$L/600$（L 为构件跨度）	1 次/d	精密水准仪
3	中间桩沉降	基坑短边中点，基坑长边上间距 10m	0.1mm	5mm	1 次/d	精密水准仪
4	围护桩与中间桩的差异沉降	基坑短边中点，基坑长边上间距 10m	0.1mm	5mm	1 次/d	精密水准仪
5	铺盖体系振动	主测断面监测换乘节点处加强	1dB	铅垂向振级允许值：白天，75dB；夜晚，72dB	1 次/d	振动监测仪器

序号	测量项目	测点布置	监测精度	控制标准	监测频率	监测仪器
6	铺盖体系噪声	主测断面监测换乘节点处加强	1dB	白天，70dB；夜晚，55dB	1 次/d	噪声监测仪器
7	格状凹槽深度	主测断面监测换乘节点处加强	0.1mm	2.5mm	1 次/月	卡尺
8	抗滑性能	十字路口一处，标准段一处		摆式测定值：37～40；横向力系数（SFC）：50	1 次/月	
9	交通流量	一个断面			每个季度选取 3 个工作日和 3 个休息日	观察

6.6.1　基坑支护结构监测

1. 围护桩各监测项目结果分析

1）围护桩桩顶位移

图 6-29 为主体基坑围护桩桩顶位移观测点布设示意图。在测桩顶位移时，由于冠梁位置狭窄，测点布置采用了在预埋钢筋上焊设钢板，反射片贴在钢板上，保证了监测的安全和方便。同时采用了先进的监测方法，即采用全站仪的自动获取坐标功能，利用已知两个基准点获取工作基点坐标，同时再利用其中一个基准点和工作基点再对第三个基准点校核的方法来提高工作基点的坐标精度，并且各工作基点和基准点形成闭合导线，最终可以进行平差处理，提高了各测点水平位移的监测精度（专利号：201110236426.3 一种基坑桩顶水平位移的监测方法及其监测装置）。

在基坑开挖整个过程中，根据监测方案要求的频次，对 ZQS-01～ZQS-11 测点进行了位移观测，有关统计数据见图 6-30。

由图 6-30 可以看出基坑围护桩桩顶位移日位移最大速率、最大累计位移值都小于控制标准，围护桩设计较为合理。周最大累计位移值出现在基坑较深的南端盾构井附近，而最终累计位移较大者则在基坑中部，说明桩顶位移值具有较为明显的空间效应。南部盾构井桩顶位移值最大值达到了 10mm，为 $0.376‰H$（H 为基坑开挖深度），中部桩顶位移值最大值为 8.3mm，为 $0.441‰H$。

从图 6-31 围护桩桩顶位移的周历时曲线上来看，受基坑开挖深度的增加，桩顶位移基本呈指数曲线迅速增大，至 16 周基坑标准段垫层施工，各点桩顶位移出现极值，停工采取措施后，桩顶位移进入协调段后，桩顶位移逐渐稳定，各点位移范围为 4～8mm。

2）围护桩桩顶沉降

围护桩桩顶沉降测点与桩顶位移测点排序相反。

由图 6-32 可知，基坑标准段中部和北部测点表现出隆起态势，南部各点和北端盾构井处测点则为沉降。虽然各点日沉降最大速率和周累计沉降值都在控制范围内，但沉降值

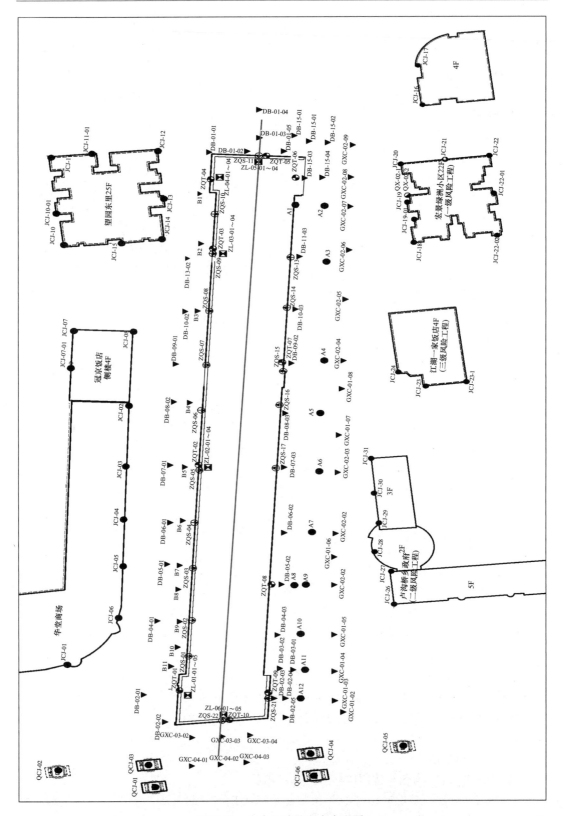

图 6-28　丰台北路站测点布置图

相对较大，南端盾构井围护桩桩顶沉降达到了控制值的 70%。

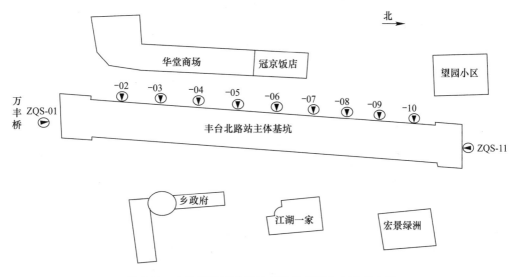

图 6-29　主体基坑围护桩桩顶位移观测点布设示意图

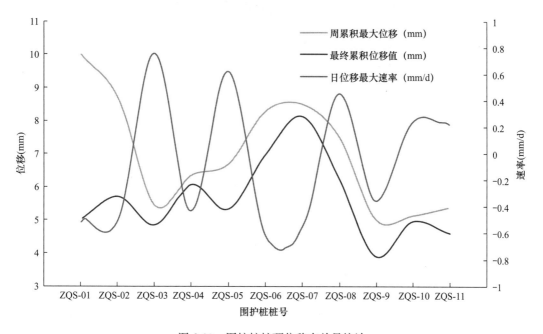

图 6-30　围护桩桩顶位移有关量统计

由图 6-33 可知，各点沉降整体趋势随开挖深度增加而逐渐增大，各点沉降趋势大体一致。在 20~24 周的停工期各点沉降趋势恢复，沉降减小，个别点出现隆起。标准段基坑开挖完毕后，沉降仍旧继续进行，直至侧墙混凝土完成浇筑，沉降量开始稳定性波动，最后趋于稳定。

3）围护桩桩体变形

图 6-34 和图 6-35 为围护桩桩体变形测点布置图，南侧盾构吊出井段开挖深度较大，

以该段所布测点 ZQT-09 为代表，来研究桩体变形随时间以及开挖深度之间的关系，并使用该点来研究其变形与钢支撑轴力变化之间的关系。

从图 6-36 中可以看出：桩体变形整体呈"大肚"状，即"两头小，中间大"，符合常见采用多道支撑围护结构的变形规律；随着开挖深度不断加深，桩体变形也不断增大，至 1 月 30 号南端盾构井开挖完成，桩体变形趋于稳定，进而达到最大稳定变形 15mm 左右。桩体变形最大值一直保持在 23m 附近，为基坑开挖深度的 88%，应适当考虑增大第五道支撑的预加轴力值。

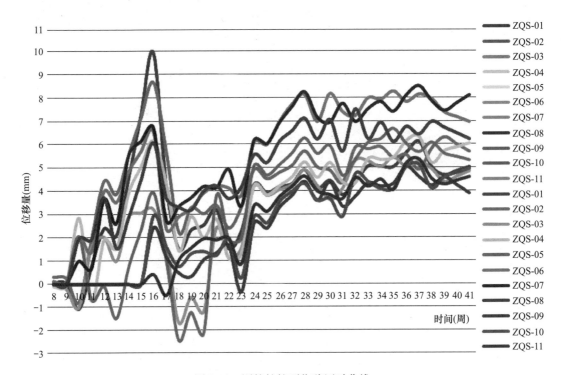

图 6-31 围护桩桩顶位移历时曲线

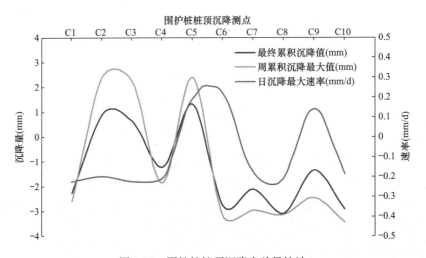

图 6-32 围护桩桩顶沉降有关量统计

另外，对应于测点 ZQT-09 所在断面的钢支撑为 ZL06，其轴力在相应时段的变化如表 6-10 所示。

结合图 6-36 和表 6-10，可以发现桩体变形和钢支撑轴力的变化存在关系，当轴力增加时，围护桩对应支撑部位的桩体变形减小，有向基坑外的趋势；当轴力减小时，相应的桩体变形方向趋势向基坑内；这就说明钢支撑对基坑土体的变形起到了抑制作用，有效的钢支撑为基坑土体及围护桩的稳定性提供了可靠保证。

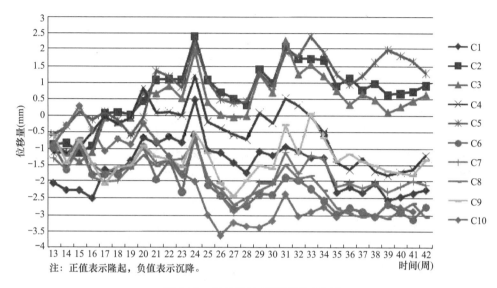

注：正值表示隆起，负值表示沉降。

图 6-33　围护桩桩顶沉降历时曲线

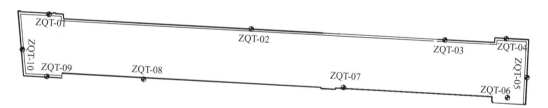

图 6-34　围护桩桩体变形测点布置示意图

图 6-35　围护桩桩体变形测斜管现场布设图

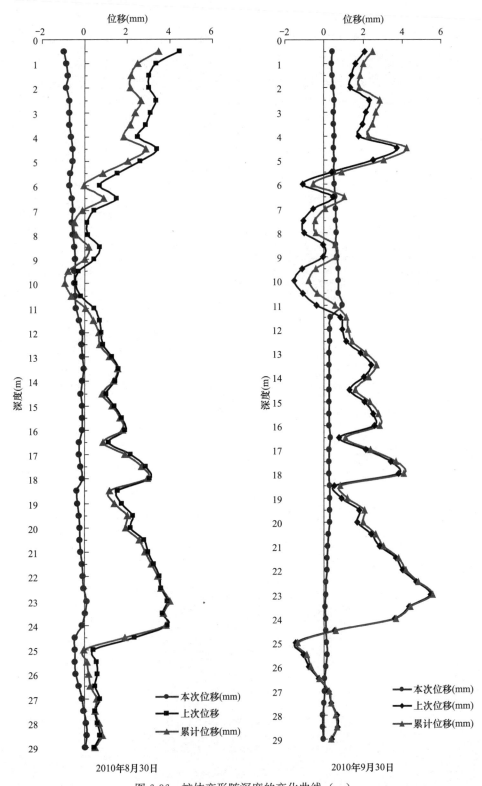

图 6-36　桩体变形随深度的变化曲线（一）

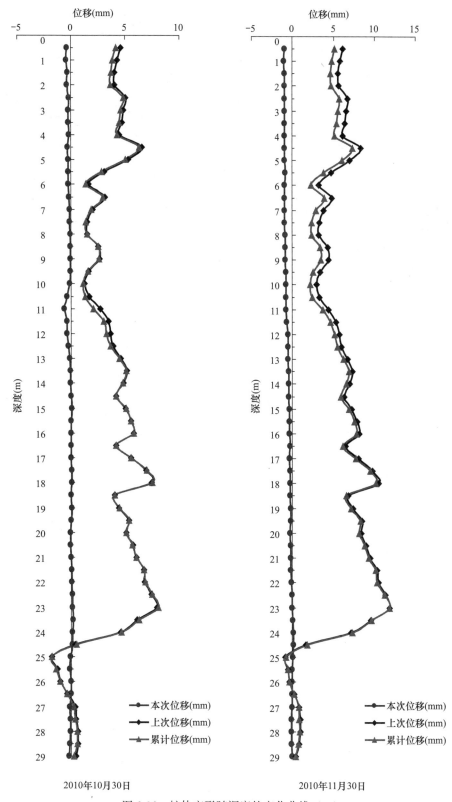

图 6-36　桩体变形随深度的变化曲线（二）

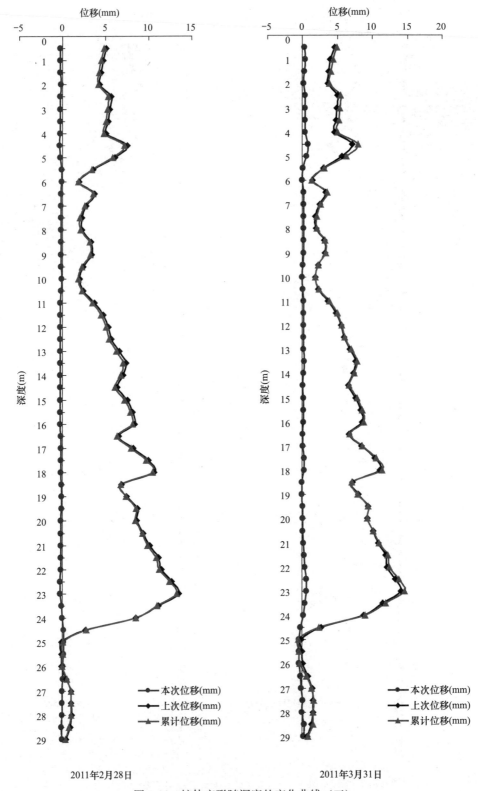

2011年2月28日　　　　　　　　2011年3月31日

图 6-36　桩体变形随深度的变化曲线（三）

钢支撑轴力变化（测点 ZL06）　　　　　　　表 6-10

日期	监测部位	变化值（kN）
8 月 30 日	第二道钢支撑 ZL-06-02	−5.06
	第三道钢支撑 ZL-06-03	−5.05
	第四道钢支撑 ZL-06-04	−0.72
9 月 30 日	第三道钢支撑 ZL-06-03	367.76
	第四道钢支撑 ZL-06-04	−7.61
10 月 30 日	第三道钢支撑 ZL-06-03	21.18
	第四道钢支撑 ZL-06-04	28.16
11 月 30 日	第三道钢支撑 ZL-06-03	6.22
	第四道钢支撑 ZL-06-04	7.87
12 月 30 日	第三道钢支撑 ZL-06-03	−26.36
	第四道钢支撑 ZL-06-04	−2.85
1 月 30 日	第三道钢支撑 ZL-06-03	5.67
	第四道钢支撑 ZL-06-04	2.13
2 月 28 日	第三道钢支撑 ZL-06-03	−10.19
	第四道钢支撑 ZL-06-04	−1.76
3 月 31 日	第三道钢支撑 ZL-06-03	11.00
	第四道钢支撑 ZL-06-04	14.36

注：负号表示轴向预压应力减小，正号表示轴向预压应力增加。

2. 钢支撑轴力监测结果分析

图 6-37 和图 6-38 为钢支撑轴力计点位布置和安装图，由图 6-39 可知，ZL-01 系列钢支撑在基坑南端，前期南端保持 16m 深度未曾继续开挖，施加轴力后，桩体变形逐渐变小，各道轴力也呈减小趋势，后随着南端的继续开挖，桩体变形又逐渐增大，各道支撑轴力也逐渐呈增加趋势。同时下部支撑轴力变化较大，且最终 ZL-01-03 和 ZL-01-04 最大，阻止了桩体下部变形的继续增加。

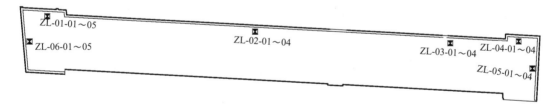

图 6-37　钢支撑轴力计点位布置图

由图 6-40 可知，ZL-03 系列钢支撑在基坑标准段北部，图中显示了在北部基坑开挖完成后尚未进行结构施作的一段时间内，钢支撑轴力呈增加趋势，后随着结构的逐渐施作，钢支撑轴力逐渐减小，且速率极快。ZL-03-01 作为第一道支撑，随着下几道支撑的拆除，轴力逐渐增加，实现了与桩体的协调变形。

根据日报观测数据显示，各道支撑的各个测点所出现的最大轴力，以及最终轴力均小于其设计值，符合控制标准要求。总体来讲，施工过程中基坑的整体稳定性较好，说明采用的基坑围护桩和钢支撑都是有效的。

图 6-38　钢支撑轴力计安装图

3. 小结

1）围护桩各监测项目值及钢支撑轴力均在控制范围内，支护结构设计安全。

2）桩顶位移随深度的增大而增加，最终最大值出现在基坑中部，桩顶位移最大值达到 $0.441‰H$。

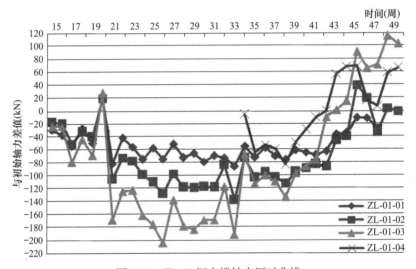

图 6-39　ZL-01 钢支撑轴力历时曲线

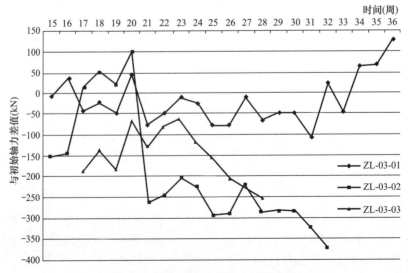

图 6-40　ZL-03 钢支撑轴力历时曲线

3) 直到侧墙混凝土浇筑完毕，桩顶沉降趋于稳定。围护桩呈现出南部沉降，北部隆起的态势，围护桩桩顶沉降最大值达到控制值 70%。

4) 桩体变形呈现出"中间大、两头小"的多支撑围护桩桩体变形规律，随开挖深度增加逐渐增大，最大值约为 15mm，出现在 23m 附近，为 88%H。

5) 钢支撑轴力与桩体变形间的关系密切，此消彼长，相互制约。在下几道支撑拆除时，上道支撑轴力有所增加。

6.6.2　铺盖体系各项目监测

丰台北路站是国内首座采用装配式铺盖法施工的试点车站，鉴于本站周围环境复杂，且为铺盖法试点站，车站主体基坑设计采用动态设计方法，施工过程中的各项监测工作、信息反馈以及修正设计十分重要。有鉴于此，对于铺盖体系监控量测技术进行专项研究，建立完善、严格的施工监测管理制度及信息反馈体系的意义重大。

1. 中间桩各项目监测结果分析

中间桩是承担路面荷载、铺盖板、铺板梁以及梁支撑等荷载的重要部位，它的稳定与否直接关系到整个铺盖体系的稳定和安全，因此必须对中间桩桩顶位移及沉降等进行严密监测。

1) 中间桩桩顶位移

图 6-41 为中间桩桩顶位移测点图，中间桩的桩顶位移监测采取和围护桩桩顶位移监测一起进行。

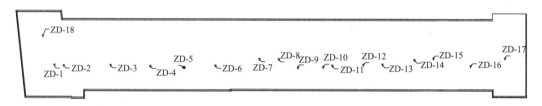

图 6-41　中间桩桩顶位移测点图

由图 6-42 可知，桩顶位移也存在明显的空间效应，基坑中部附近中间桩桩顶位移较小，而在基坑南北两端的位移较大，同时南端又比北端稍大。主要原因在于南端附近为交叉路口，车辆刹车时动力荷载相对较大，而南端又相对较深，中间桩屈曲计算长度较大，造成桩顶位移值也较大。同时从日位移最大速率来看，多数都是呈向基坑内移动，南端换乘节点处变化速率稍大。从桩顶位移周累计最大值和最终累计值的比较来看，两者比较接近。

由图 6-43 可知，从几个测点的时程曲线来看，中间桩桩顶位移受基坑开挖深度影响因素明显，前期桩顶位移变化剧烈，经过 1 个月的停工后，各点变形渐趋稳定。从 24 周后，随着南端和北端土方继续开挖施工，桩顶位移继续向基坑内缓慢移动，31 周时，北端土方开挖完成并开始施作垫层，38 周时，南端开挖完成，桩顶位移逐渐改变向基坑内继续发展的趋势，逐渐趋于稳定。

2) 中间桩桩顶沉降

中间桩桩顶沉降测点和桩顶位移测点是同一测点。图 6-44 表示了各测点的周累计沉降最大值和最终累计沉降值，图中正号表示隆起，负号表示沉降。

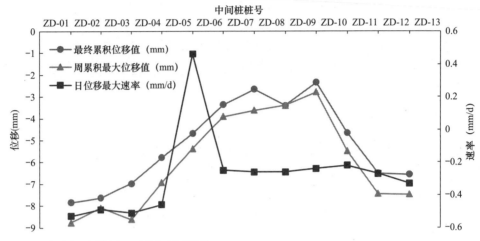

注：负号表示向基坑内，正号表示向基坑外。

图 6-42　中间桩桩顶位移有关量统计

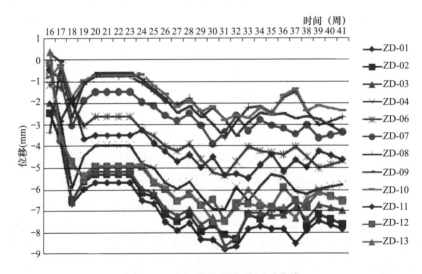

图 6-43　中间桩桩顶位移历时曲线

从整个中间桩的周累计沉降最大值来看，不管是隆起还是沉降，大多数都是大于3mm，个别点已经达到了预警值（控制值的70%），所以中间桩的桩顶沉降是一个必须严密监测的项目。由于南端土体抽水注浆，南端测点为隆起，其他测点从南向北逐渐变为沉降。

由图 6-45 可知，北端各点之间变形趋势一致，南端各点也基本一致。南端各点自注浆后，隆起明显，后随南端基坑继续开挖，隆起趋势减弱，逐渐稳定。北端各点前期受基坑开挖影响波动幅度较大，26 周后标准段底板施作完成，北端各点沉降值缓慢减小，逐渐收敛。

3）中间桩应力

图 6-46 为中间桩应力测点布置，测中间桩应力时两边应变片对称布置于中间桩变形较大位置处。

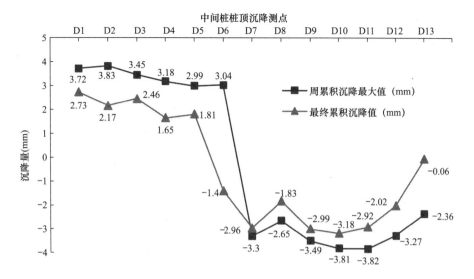

图 6-44　中间桩桩顶沉降有关量统计

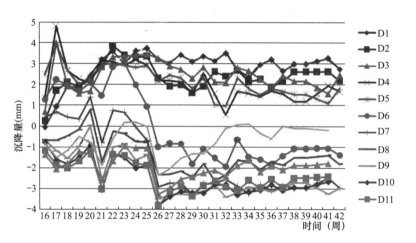

图 6-45　中间桩桩顶沉降历时曲线

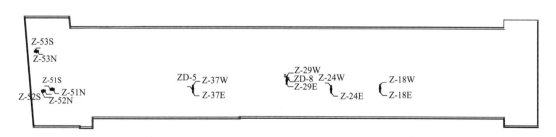

图 6-46　中间桩应力测点布置

由图 6-47 可知，中间桩应力历时曲线反映了在压弯组合作用下，各测点的应力代数值情况。W 和 N 为受弯时的受拉侧，从受拉侧全为正值说明，偏心弯矩引起的拉应力还是很大的，Z-37W 甚至达到了 12MPa。同时多数点应力变化不大，受力状态是稳定的，结构的稳定性可以保证。

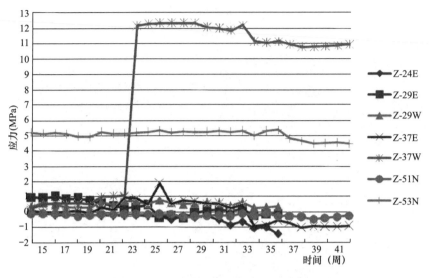

图 6-47　中间桩应力历时曲线

2. 铺盖板、铺板梁和梁支撑的应力和变形监测

1）应力分析

由图 6-48～图 6-50 可知，总体来讲，铺板梁和梁支撑的应力变化很小，应力值也较小，这主要是与钢结构的弹模较大有关，铺盖体系是安全稳定的。偶尔会有个别点的应力会发生突变，应该是与施工因素有关。

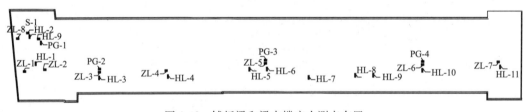

图 6-48　铺板梁和梁支撑应力测点布置

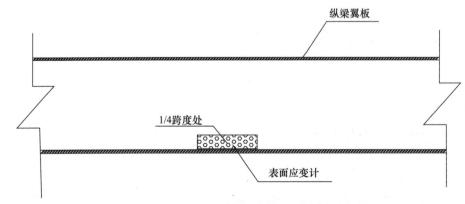

图 6-49　梁支撑应力测点布设示意图

2）变形分析

铺板梁、梁支撑以及铺盖板变形是由中部的位移与两端的位移相减得到，变形统计如

表 6-11 所示。

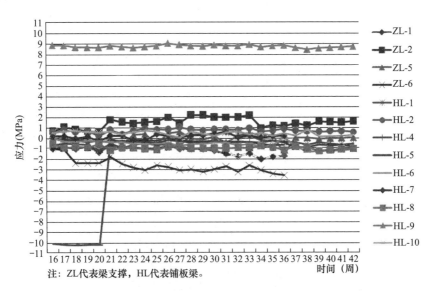

注：ZL代表梁支撑，HL代表铺板梁。

图 6-50　铺板梁和梁支撑应力历时曲线

铺板梁和梁支撑变形统计　　　　　　　　　　　　　　　表 6-11

监测部位	测点（P代表铺板梁，D代表梁支撑）	周累计变形最大值（mm）	最终累计变形值（mm）
基坑北侧盾构井	P1	−1.36	−0.87
	D1	−0.36	0.18
基坑标准段北部	P2	0.62	0.55
	D5	−1.03	−0.84
基坑标准段中部	P3	−0.46	0.12
	D8	1.86	1.25
基坑标准段南部	P4	1.19	0.97
	D10	−0.99	−0.99
基坑南侧盾构井	P5	1.82	−0.08
	D13	0.71	0.71
	P7	−1.11	0.54

由图 6-51 可知，从各点的历史曲线来看，变形值都不是太大，除 P5 出现过 1.82mm 外，都在 ±1.5mm 以内。除 P1、P5、P7 变形值出现过较大波动外，其他测点变形值较为稳定。P5、P7 位于基坑南端，波动较大时，南端正在开挖剩余土方。39 周时，标准段和北端结构施作完成，各铺板梁有上拱趋势。

由图 6-52 可知，整个梁支撑的变形值也是比较小的，最大值小于 1.5mm。变形值变化较为稳定，梁支撑之间以及梁支撑和中间桩之间由螺栓连接，使得梁支撑具有近似于多跨连续梁的特征。相隔偶数跨的测点具有同样的变形趋势，D1 和 D13、D5 和 D10 在结构施工完成后，变形趋势一致。在基坑纵向方向上，说明支撑梁的变形是上下波动，上拱和下挠交替出现的。

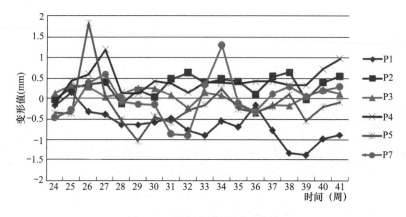

图 6-51　铺板梁变形历时曲线

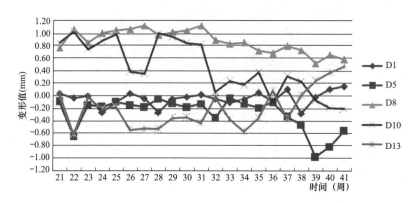

图 6-52　梁支撑变形历时曲线

由图 6-53 可知，铺盖板历史变形值均在 1mm 以内，变形较小。后期变形值略有变化。

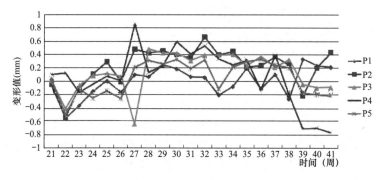

图 6-53　铺盖板变形历时曲线

从铺板梁、梁支撑、铺盖板的变形情况来看，变形值都较小。除个别情况外，整体变化程度不剧烈，符合钢材力学特性，设计较为安全。

3）变形监测方法分析

在铺盖体系的变形中，采用了通常的测沉降取差值的方法。但是在实际的测量过程中，受铺盖板上交通影响较大，监测精度受到很大影响，所以在车辆行驶时，不能测量，应在红灯时抓紧读数。也可以在监测应力的同时，利用应力值来反算结构的变形。在实际的计算中发现采用后一种方法计算得到的变形要远小于通过测量得到的变形值。从理论上讲，后一种方法更为精确。但是前一种方法得到的结果更为直观，同时偏于安全。所以在实际工作中，可以采用第一种方法测量，当测值超出预警值时，可以结合应力反算得到的结果重新对结构进行分析。

3. 铺盖板格状凹槽深度监测结果分析

铺盖板格状凹槽（简称格构）深度的变化，是表征格构抗磨损能力的重要指标，同时格构深度的变化直接决定车辆的抗滑阻力系数（专利号：201110257181.2 一种铺盖板路面抗滑阻力系数的检测方法），所以必须对格构深度进行严密监测，总结格构深度随时间的变化规律以及交通量的关系。

格构深度采用深度卡尺测量，以格构四边深度的平均值作为格构的深度值。

以围挡内不受车辆影响的格构深度值作为初始值，以围挡外车辆行驶段格构作为监测对象，定期测量该处格构深度值，并定义磨损率来评价格构的磨损情况，磨损率 $=$ $\dfrac{\text{初始值} - \text{每次测值}}{\text{初始值}} \times 100\%$。

围挡内格构深度为 3.26mm，作为没有受到磨损的初始值。下图显示了各处格构深度的变化情况。各个字母代表的位置分别为：A 为围挡外基坑南侧、B 为铺盖体系最东南角、C 为东侧围挡外远离基坑车道、D 为东侧围挡外靠近基坑车道。

由图 6-54 可见，格构本身的抗磨损能力还是比较强的，在一个季度里最大磨损 0.12mm，季度最大磨损率为 3.68%，总磨损率最大为 9.2%。格构深度随时间基本上呈线性减小。同时也反映出交通量大小对格构的影响，B 铺盖体系最东南角为交叉口，交通量最大，磨损也最严重。

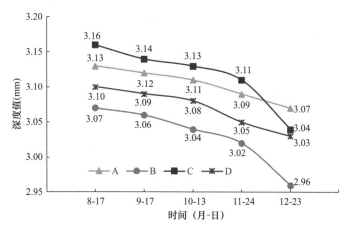

图 6-54　各处格构深度历时曲线

经调查发现，围挡南侧每车道（A 所在车道）日平均交通量为 2650 辆左右，且重载车辆较多。则可认为在日交通量为 2650 辆左右时，月磨损 0.02mm，在假定正比关系下，可推算在一定交通量时，格构随时间的磨损情况。

4. 小结

1）中间桩桩顶位移受基坑开挖深度和周围环境影响明显，呈现出明显的空间效应，两端大，中间小，同时南端比北端稍大。主体结构施工后，桩顶位移逐渐收敛。

2）中间桩桩顶沉降南端由于注浆呈现隆起态势，然后从南往北逐渐过渡为沉降，受开挖影响，沉降波动幅度较大，最大沉降测点达到预警值。

3）中间桩受到的偏心弯矩相对较大，但应力值变化不大，状态较为稳定。

4）铺盖体系各构件的应力变化不大，整体稳定，且值较小。

5）铺盖体系各构件的变形值都较小，结构整体稳定性好。梁支撑呈现出多跨连续梁的特性。整体铺盖体系钢构件的设计是安全的。

6）格构抗磨损能力较强，格构深度随时间线性减少，季度最大磨损率为 3.68%，建立了磨损率与交通量的对应关系，在日交通量为 2650 辆时，月磨损值为 0.02mm。

6.6.3 基坑周边环境监测

1. 建（构）筑物沉降检测

车站区域内控制性建（构）筑物有：位于丰台北路路中的万丰桥；车站路口西北角华堂商场、望园东里高层住宅楼；西南角的卢沟桥乡政府及宏景绿洲高层住宅楼，如图 6-55 所示。

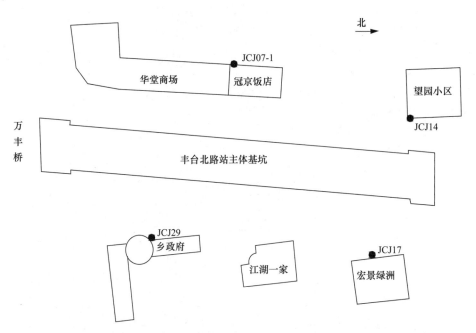

图 6-55　建筑物沉降值较大的几个测点分布图

由图 6-56 可知，JCJ07-1、JCJ14、JCJ17、JCJ29 分别是冠京饭店、望园东里、宏景绿洲、乡政府建筑群沉降测点中累计值较大的测点，在整个监测过程中测点累计变形量和变形速率均在控制标准范围内，其中冠京饭店最大累计变形值为 3.39mm、望园东里最大累计变形值为 3.07mm、宏景绿洲最大累计变形值为 2.9mm、乡政府最大累计变形值为 3.06mm，且监测结果显示多数测点都是呈隆起状态。各点前期受基坑开挖影响，各点多有沉降趋势。图中还可显示出各点与基坑距离关系对各点沉降的影响，JCJ07-1 距基坑最远，受基坑影响也越小。

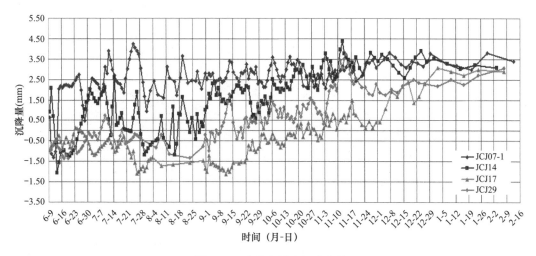

图 6-56　建筑物测点沉降曲线

由图 6-57 和图 6-58 可知，从桥桩各点的沉降历时曲线来看，前期各点都有沉降趋势，之后随着开挖深度增加，南端盾构井处进行水平注浆，桥桩各点逐渐有隆起趋势，标准段主体结构施工完成后，南端各点保持隆起状态，总体隆起值在 2mm 以内。

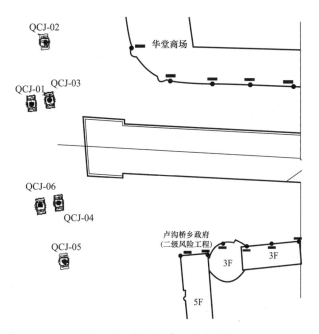

图 6-57　桥桩沉降点位布置图

2. 地表沉降监测

如图 6-59 所示，现取几个标准断面上的测点分别进行统计，以发现地表沉降的规律。DB-02-01、DB-04-01、DB-08-02、DB-13-02 等位于基坑西侧 6m 处，B2 位于基坑西侧 3m

处，DB-02-03、DB-04-03、DB-08-03、DB-11-03 和 DB-15-03 等位于基坑东侧 1m，A12、A10、A5、A3 和 DB-15-04 等位于基坑东侧约 3m 处。

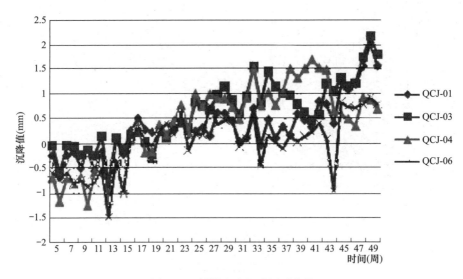

图 6-58　桥桩各点沉降历时曲线

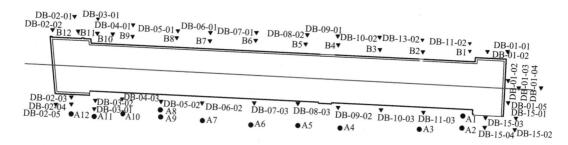

图 6-59　地表沉降测点布置图

由图 6-60 可知，整个地面沉降的趋势是前期随基坑开挖深度增加，各点沉降值逐渐

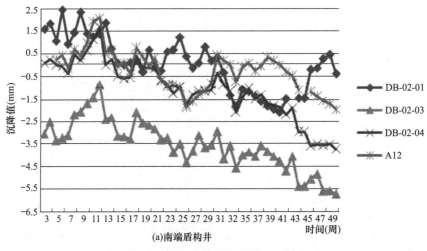

(a)南端盾构井

图 6-60　各断面地表点沉降历时曲线（一）

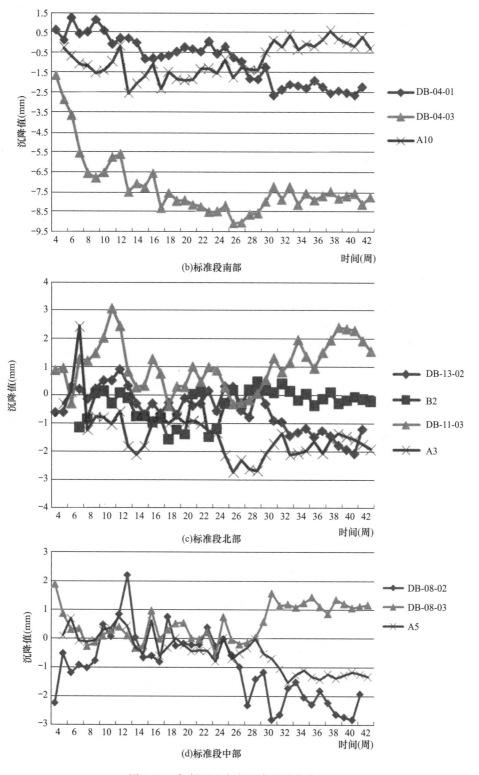

图 6-60　各断面地表点沉降历时曲线（二）

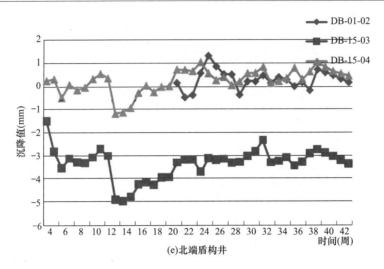

(e)北端盾构井

图 6-60　各断面地表点沉降历时曲线（三）

增大，之后随着结构的施工，沉降值逐渐趋于稳定。南端盾构井各点沉降增加的趋势最为明显，基本上呈线性下降。同时位于基坑较深部位，距离基坑较近点的沉降值明显大于其他位置点，沉降值变化幅度也越大，有明显的沉降槽曲线。在标准段北部和中部，最近测点显示出隆起，表明该处各道钢支撑轴力相对较大，基坑边缘土体反而有隆起状态。

由图 6-61 和图 6-62 可知，在基坑东侧 1m 处，纵向沉降曲线为上凸抛物线形式，在基坑东侧 3m 处，纵向沉降曲线为下凸抛物线形式，说明沉降槽曲线也具有空间效应，在基坑不同部位，沉降曲线是不同的。结合图 6-60，在基坑两端，地面沉降最大点靠近基坑，而在基坑中部，地面沉降最大点，离基坑有一定距离。由图 6-63 可知，在相对较远地方，距基坑一定距离各点的沉降值又基本一致。基坑西侧 6m 各点总体沉降增加时间相对较长，显示出随着基坑开挖深度增加，地面沉降影响范围越来越大，沉降曲线也向外逐渐推移，较远点沉降值也越来越大。

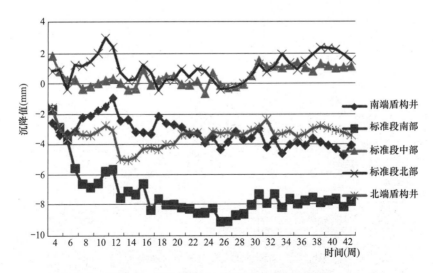

图 6-61　基坑东侧 1m 各断面处点历时曲线

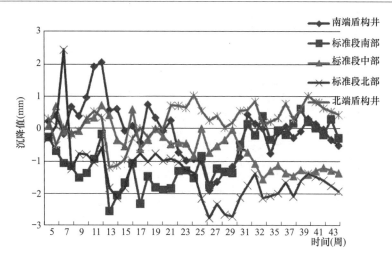

图 6-62 基坑东侧 3m 各断面处点历时曲线

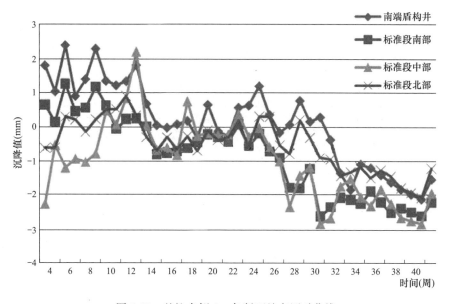

图 6-63 基坑东侧 6m 各断面处点历时曲线

3. 地下改移管线沉降监测

图 6-64 和表 6-12 表示了管线沉降测点布置和对应关系，由图 6-65 可知，在距离基坑较近的 B1 点沉降最为明显，与北端盾构井 DB-15-03 沉降较为匹配，而 B4 和 B7 的沉降值较小，则与图 6-61 中标准段北部和中部地表沉降较为接近。同时 25 周时，标准段底板已经快施作完毕，北端正继续开挖土方，所以 B1 点的沉降趋势依然很明显，当 29 周后开挖完毕垫层施作时，沉降逐渐恢复稳定。

由图 6-66 可知，从监测情况来看，中部各点为沉降，两端为隆起，最终的沉降与隆起量并不大，变化趋势较为平缓。

图 6-67 显示了管线沉降与基坑距离的关系，GXC-03 系列和 GXC-04 系列都在南端盾构井南边，但 GXC-03 系列相距更近，所以雨水管的沉降明显，而距基坑稍远的电信管块基本没有沉降。所以需对基坑较近管线进行严密监测，必要时采取措施。

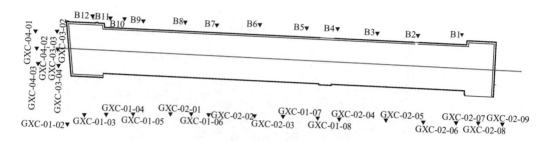

图 6-64　管线沉降测点布置图

管线沉降测点与管线对应关系　　　　　　　　　　　　表 6-12

测点	监测管线
B1-B12	自来水 ϕ600 钢管
GXC-01 系列	电信 4 条和 D1000 污水管
GXC-02 系列	DN500 中压燃气
GXC-03 系列	D400 雨水
GXC-04 系列	74mm×52mm 电信

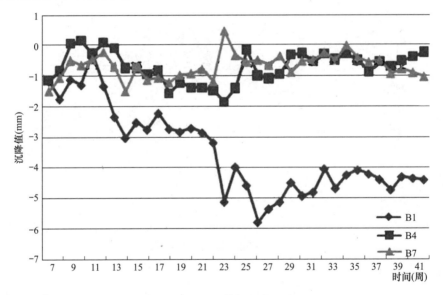

图 6-65　ϕ600 自来水管沉降历时曲线

4. 小结

1）建筑物和桥桩最终都处于隆起状态，建筑物最大隆起值为 3.39mm，桥桩隆起在 2mm 内。

2）地表点旁边基坑越深，开挖时间越长，地表点沉降趋势越明显。在基坑两侧，距基坑距离不同时，纵向沉降曲线的形式也不一样，1m 左右为上凸曲线，3m 处时为下凸曲线，基坑的沉降槽曲线具有空间效应。

3）距基坑较近处，管线沉降明显。较长管线监测时，中部点为沉降，两端测点为隆起。

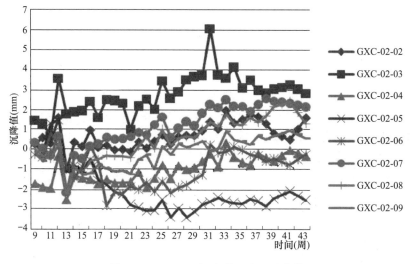

图 6-66　DN1000 污水管沉降历时曲线

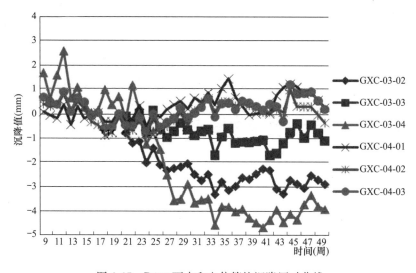

图 6-67　D400 雨水和电信管块沉降历时曲线

6.7　本章小结

本章针对国内首次采用装配式铺盖法修建的北京市地铁 9 号线丰台北路站进行了详细的介绍，通过案例分析得到以下主要研究成果：

1）除围护桩桩顶沉降和中间桩桩顶沉降个别点达到预警值外，其他各监测项目监测值均在安全范围内。

2）沉降和位移变形等随基坑开挖深度增加而逐渐增加，主体结构施工后，沉降和位移变形等逐渐恢复，收敛稳定。

3）围护桩桩顶位移最终最大值出现在基坑中部，桩顶位移最大值达到 $0.441‰H$。围护桩呈现出南部沉降，北部隆起的态势，围护桩桩顶沉降最大值达到控制值 70%。桩体变形呈现出"中间大、两头小"的多支撑围护桩桩体变形规律，随开挖深度增加逐渐增大，最大值约为 15mm，出现在 23m 附近，为 $88\%H$。

4）钢支撑轴力与围护桩桩体变形具有明显的相互制约的关系，在下几道支撑拆除时，上道支撑轴力有所增加。

5）中间桩桩顶位移呈现出明显的空间效应，两端大，中间小，同时南端比北端稍大。中间桩桩顶沉降南端由于注浆呈现隆起态势，然后从南往北逐渐过渡为沉降，受开挖影响，沉降波动幅度较大，最大沉降测点达到预警值。

6）中间桩受到的偏心弯矩相对较大，最大组合拉应力达到了 12MPa，但应力值变化不大，状态相对较为稳定。

7）铺盖体系各构件的应力变化不大，变形值较小，结构整体稳定性较好，梁支撑呈现出多跨连续梁的特性。整体铺盖体系钢构件的设计是安全的。

8）格构抗磨损能力较强，格构深度随时间线性减少，季度最大磨损率为 3.68%，建立了磨损率与交通量的对应关系，在日交通量为 2650 辆时，月磨损值为 0.02mm。

9）建（构）筑物多呈隆起状态，但隆起值并不太大。

10）地表点旁边基坑越深，开挖时间越长，地表点沉降趋势越明显。在基坑两侧，距基坑距离不同时，纵向沉降曲线的形式也不一样，1m 左右为上凸曲线，3m 处时为下凸曲线，基坑的沉降槽曲线具有空间效应。

11）距基坑较近处，管线沉降明显，稍远处呈现隆起。较长管线监测时，中部点为沉降，两端测点为隆起。

12）建立了一套完善的信息反馈制度。

本章参考文献

［1］　张中勇，王永吉．预制装配式技术在地铁工程中的应用 ［J］．建筑技术，2017，48 (8)：812-815．

［2］　王文正，孔恒，韩雪刚．装配式铺盖法修建地铁车站施工关键技术 ［J］．施工技术，2014，43 (S2)：129-135．

［3］　张欢．北京地铁丰台北路站：首创应用装配式铺盖法施工 ［J］．建设机械技术与管理，2014，27 (5)：60-63．

［4］　吴林林，刘力，高辛财．地铁车站装配式铺盖体系设计 ［J］．都市快轨交通，2010，23 (3)：86-90．

［5］　刘力．装配式铺盖法设计及在北京地铁工程中的应用 ［J］．山西建筑，2010，36 (16)：309-311．

［6］　袁大军，李兴高，孙立．装配式铺盖法施工技术在我国的应用分析 ［J］．建筑技术，2009，40 (6)：558-560．

［7］　袁大军，段茜，罗富荣，等．装配式铺盖法修建地铁车站技术 ［J］．现代城市轨道交通，2008 (3)：32-34，89．

第 7 章　其他工程应用案例

7.1　概述

作为一项较为成熟的技术，装配式铺盖法在日本、欧洲、新加坡都得到了广泛的应用。目前国内也已经有不少引入装配式铺盖法修建地铁工程的案例，并使之成为适合我国地质条件、交通状况的施工技术。北京地铁 9 号线丰台北路站是我国首例成功应用装配式铺盖法施工的地铁车站，此外，苏州地铁 5 号线某车站、兰州地铁 2 号线公交五公司站、沈阳地铁 9 号线北二路站、广州地铁 2 号线江南西站、上海轨道交通 7 号线常熟路站等工程均使用装配式铺盖法进行施工，不但操作更为简便，效率较高，而且较为节省经济，可以降低工程造价，还能提高施工的安全性，对地下构件有着一定的保护作用。这些实例都表明国内已经具备了在地铁新线使用装配式铺盖法修建地铁车站的技术条件。

7.2　苏州地铁 5 号线某车站工程

7.2.1　工程概况

苏州地铁 5 号线某车站基坑标准段宽度为 19.7m，开挖深度约 17.2m，基坑围护采用 800mm 地下连续墙，基坑内设置 1 道混凝土支撑和 4 道钢支撑。车站跨路口处架设 1 座宽 20.6m、跨度 21m 的预制装配式铺盖供车辆通行，装配式铺盖结构形式为先张法预应力混凝土空心板梁，在城-A 级车辆荷载作用下，通过增加空心板梁的预应力即可满足铺盖强度、刚度、稳定性的要求，空心板梁跨径适用范围 10～25m，满足车站基坑宽度需求。车站平面及铺盖模型如图 7-1、图 7-2 所示。

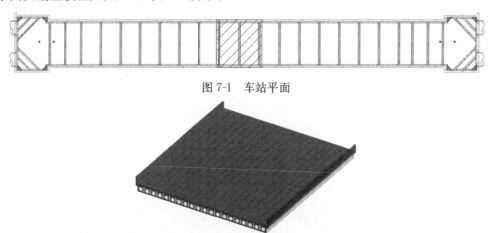

图 7-1　车站平面

图 7-2　铺盖模型

苏州市区位于长江三角洲南部，又是太湖平原的组成部分。境内地貌以第四系松散沉积物组成的堆积平原为主，该车站工程开挖范围内主要土层为粉质黏土、粉土、粉砂夹粉土，土层力学性能相近，围护结构地层剖面如图 7-3 所示。

7.2.2　应用情况

1. 施工步序及施工进度

该车站基坑在施作完全部地连墙、冠梁第一道混凝土支撑后，分别架设预制板梁桥、现浇混凝土铺盖，然后分段分层、由上而下、先支撑后开挖基坑。基坑分 4 层进行开挖，依次开挖至第二、三、四道支撑下 0.5m 处后，架设支撑，最后开挖至坑底。

而该车站相邻一车站采用现浇式铺盖法，其钢支撑架设时为保证铺盖上行车安全，不能与格构柱碰撞铺盖下方钢支撑架设施工难度大、施工进度慢。铺盖下方整个施工段钢支撑架设工期平均会增加 2～3d。

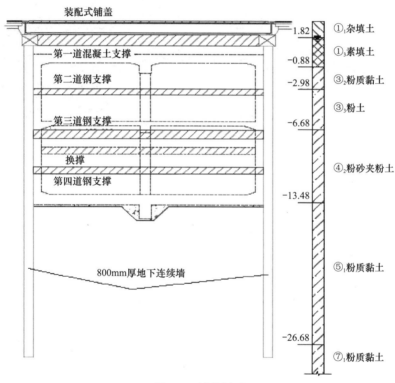

图 7-3　铺盖剖面

2. 监测数据分析

1）地表沉降

图 7-4 为该车站铺盖处基坑地表沉降累计变形曲线，从图 7-4 中可以看出：基坑铺盖处地表沉降在整个基坑开挖期间，地表变形较平稳，且由于钢支撑架设及时，支撑预加轴力有效地抵消了地表沉降变形，靠近基坑路面呈现微微隆起。

2）地连墙水平位移

图 7-5 为该车站铺盖处基坑地连墙水平位移累计变形曲线，从图 7-5 中可以看出：基坑铺盖处地连墙水平位移变化较为缓慢，随着基坑每一层土层开挖完，地连墙水平位移有

较大变形，变形曲线呈现阶梯特性。

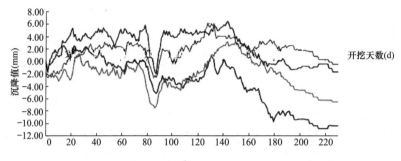

图 7-4　铺盖处地表沉降曲线

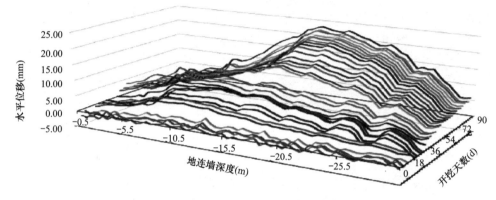

图 7-5　铺盖处基坑地连墙水平位移

3）墙顶竖直位移

图 7-6 为该车站铺盖处基坑地连墙顶竖向位移变化曲线，从图 7-6 中可以看出：基坑铺盖处地连墙顶竖向位移变化较为缓慢，由于支护及时，墙顶竖向位移为正值，支撑轴力有效地减小基坑变形。

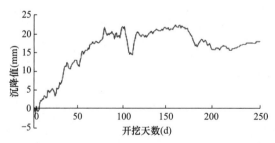

图 7-6　铺盖处基坑地连墙顶竖向位移变化曲线

3. 结论

1）苏州地区软土地层力学性能较差，地铁车站深基坑变形具有明显的时空效应，支撑结构的架设时间对控制基坑变形起到了关键作用。相较于现浇混凝土铺盖基坑，装配式铺盖基坑的支撑结构架设时间短，支撑预加轴力可以及时抵消围护结构上的主动土压力，防止软土层滑动引起的土体扰动，避免了围护结构上主动土压力进一步加大，有利于控制基坑变形。

2）装配式铺盖基坑相较于现浇混凝土铺盖基坑，其作业面更大，支护结构架设及时，基坑的地表沉降、地连墙水平位移及墙顶竖向位移均较小，车站基坑最终变形量较小。

3）装配式铺盖具有结构简单、跨度大的特点。相较于现浇混凝土铺盖，铺盖下方基坑施工作业面较大，有利于大型机械开挖土层，架设钢支撑，减少了基坑坑底暴露时间。对于苏州软土地区的地铁车站基坑，能够有效减小地表沉降、地连墙水平位移及墙顶竖向位移等变形值，对基坑变形起到较好的约束作用。

7.3　兰州地铁 2 号线公交五公司站工程

7.3.1　工程概况

兰州轨道交通网络共由 5 条线路组成，分别是 1～5 号线，其中 1～3 号线属于中心城区线路，1、2 号线为东西方向主干线，3 号线为辅助线。从 2014～2018 年，建设 1 号线一期工程，从 2016～2020 年，建设 2 号线一期工程。一个城市的地形地貌对轨道交通网络的建设具有重大影响，而兰州是典型的带状盆地城市，南北群山相对，东西方向黄河贯穿兰州城区，整个城市成东西方向狭长形状。这样的城市布局导致了兰州交通的主要流向为东西方向，而狭长的地形决定了一旦东西方向上某个节点发生拥堵，整个城市的交通就有陷入瘫痪的可能，因此，东西方向上的 1、2 号线建成通车后将大大改善兰州交通日渐拥堵状况。

但地铁车站在建设过程中会对交通造成一定的影响。暗挖法、盖挖法和明挖法这三种地铁车站的施工方法中，暗挖法虽对路面交通影响最小，但限于施工成本考虑已被否决；实施明挖法，施工过程中由于大开挖破坏整个路面，整个兰州市区的交通在早晚出行高峰很容易陷入瘫痪，城市中心地区车站不予考虑此方法。因此，综合考虑兰州轨道交通 1、2 号线车站建设总体采用盖挖法。

在军用梁铺盖体系施工中，多个六四式军用梁构件组成一榀横梁，横梁搭于冠梁之上，多道横梁间隔沿基坑纵向排列并用型钢相连从而构成铺盖体系，其铺盖体系原理图如图 7-7 所示。但由于六四式军用梁断面高、刚度弱、竖杆承载能力低、梁间联接复杂以及

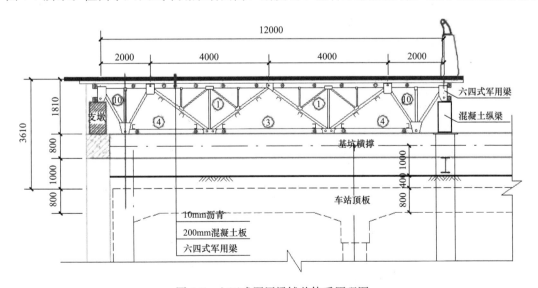

图 7-7　六四式军用梁铺盖体系原理图

难以租到等原因，造成基坑预挖深度大、第一道钢支撑架设严重滞后、管道无法悬吊处理、车站顶板混凝土难以浇筑、重车通过能力差、路面易损坏、拼装费时及租赁费用高等问题，不能很好地满足盖挖施工要求。

而采用现浇混凝土板作为铺盖体系，虽然经济性好，但工期长，拆除时费工费料且破拆噪声和粉尘影响周围居民生活，建筑垃圾也对环境造成大量污染，此种方法已被限制使用。

7.3.2 应用情况

兰州地铁 2 号线公交五公司站采用装配式铺盖法，显著提高了铺盖体系的刚度，使得施工期间重车通过能力增强，路面损耗大幅减少。此外工期较短，施工组织更加有序，减少了噪声和粉尘对周围居民的影响。

装配式铺盖体系投入使用后，在使用过程中一定会出现更多的挑战。在使用过程中，如果发现问题，可以通过改进设计，对盖梁进行优化，使其更好地满足工程应用要求。并且在使用过程中，可以开发一套实时监测系统对该体系的使用状况进行实时监测，从而为该体系的安全使用提供保障。

7.4 沈阳地铁 9 号线北二路站工程

7.4.1 工程概况

沈阳地铁 9 号线 01 标北一路站至北二路站盾构区间全长 812m，沿兴华北街下方南北走向。兴华北街交通流量大，周边多个小区、楼盘，紧邻第一二七中学、宜家家居，附近有沈阳供电公司 220kV 变电站。该工程存土坑体量小、道路狭窄，又在沈阳降水量最大的雨季施工，并且正处在地铁建设的一个高峰期，施工过程中对地面交通影响较大，矛盾突出。

7.4.2 应用情况

由于本工程案例采用的施工方法是国内首例，所以只能自行研究制订施工方案，经过多次研究，分析结构形式，采用物理学知识制订了"可调节井字架"的施工方法，可调节井字架构造形式如图 7-8 所示。

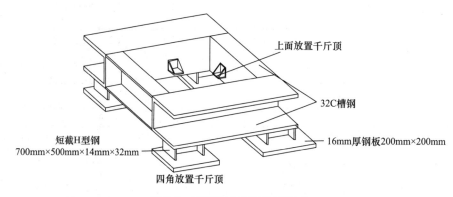

上面放置千斤顶
32C槽钢
16mm厚钢板200mm×200mm
短截H型钢
700mm×500mm×14mm×32mm
四角放置千斤顶

图 7-8　可调节井字架构造形式

1. 临时中间柱施工过程控制

1）反循环钻机成孔

钻机根据测量人员测设的桩位就位后，复测校正。同时由施工人员检查钻机底座是否水平、支撑点是否牢固。钻探时，宜采用低档位慢慢钻探，这样桩位的准确性才能得到保障，在砂土层应慢速、稠泥浆钻探，调控钻进成孔速度是依据泥浆、转速、钻压等这些指标参数，这样就避免产生塌孔、缩径、孔斜等现象。钻探中，桩位、垂直度的达标要依靠纵横十字架控制桩位、测量组校正桩位、垂直度来完成。

2）钢管的加工及配件的焊接

为保证中间钢立柱在浇筑混凝土的过程中能够固定不动并保持垂直，需在钢管的顶端均匀布置 4 个"耳朵"。钢管"耳朵"全部采用 30mm 厚 Q345E 钢板制作，E50 系焊条双面焊，需着重注意钢管"耳朵"的精度。

3）"可调节井字架"的使用

该部分为施工方法的核心内容，是临时中间柱能否达到设计意图、正常工作的关键。因此，对该工序的质量控制是质量管理的重点。"可调节井字架"即是完成此项工作的核心措施构件。

为此在井字架的四角分别焊设 4 个支腿，并与固定于地面的 4 个千斤顶连接牢固。测量人员应用高精度水准仪测设井字架 4 个角点的高程，运用支腿下面的千斤顶对井字架进行水平度的调节。在槽钢的中间部位焊设挡板，并放置上千斤顶，以调整钢管的轴向位置。

4）灌装混凝土

本道工序的关键控制点是，在保证混凝土不断桩的前提下，保证钢管柱不受混凝土的浮力影响而上浮，解决这一问题的重点是在完成首次混凝土浇筑后，及时向钢管与桩孔之间回填级配砂石，由于是泥浆护壁，所以回填的砂石可保证密实度，使钢管外侧压力对管内混凝土浮力形成抑制，保证钢管不上浮。

5）井字架的拆除

在钢管桩混凝土浇筑完毕初凝后，且达到 12h 后方可拆除井字架，以保证井字架拆除后钢管柱位置稳定。

2. 工程效果

本工程中装配式铺盖体系的临时中间柱形式虽然在国内首次使用，施工单位没有类似工程经验可以借鉴，但是通过控制措施、严格的质量管理，充分分析影响质量的各种因素，克服了各种外部因素的干扰，建立质量管理体系并落实责任，尊重科学制订可实施的施工方法，最终使工程质量目标得到实现。

本工程中施工单位研制的"可调节井字架"不仅对该工程发挥了关键的作用，还可应用到所有泥浆护壁成孔且对桩基精度要求较高的施工中，为今后类似工程的施工提供了借鉴与参考，为地铁装配式半铺盖法的应用与推广提供有力支持。

7.5 广州地铁 2 号线江南西站工程

7.5.1 工程概况

江南西站全长 180.7m，总建筑面积 10850m²。车站设计采用站台层与站厅层分离式布置，通过专用斜通道连接站台与站厅；站厅为 4 层矩形框架式结构。基坑开挖内净空：南站厅 54.85m×20.4m，北站厅 55.4m×19.5m，结构顶板覆盖土层厚度仅 3.0m（北站厅）。

车站施工前道路净宽为 31m，双向四车道；据统计，每日（非休息日或节假日）早、中、晚单向车流量为 16、13、26 辆/min；站场范围内地下管网密布，大部与江南大道走向相同，基本涵盖市政工程所有类型的管线，其中包括 $\phi100$ 的上、下水管及 10 万路通信光纤箱涵。车站两侧高楼林立，建筑密集，且都为商住楼，最近房屋基础距车站站厅外结构仅 0.2m。

车站站场位于白垩系红砂岩地层中，基岩主要为泥质粉砂岩，基岩面起伏较大，南站厅东段地层强风化岩面埋深 8.3～13.6m，北站厅西濠段地层强风化岩面埋深 26.6～27.5m。其中，南站厅结构顶板位置为 0.9～1.2m 中细砂层，富水。地下水主要由孔隙水和裂隙水组成，并与站厅南侧紧邻的海珠涌水系相通（海珠涌与珠江相通，潮汐明显），地下水位常年稳定在 2.2m。

7.5.2 应用情况

根据市政交通部门要求，进行交通疏解，为满足双向四车道，将人行道与非机动车道改为混合车道，保证至少 19m 宽路面铺盖法施工就是采用三次倒边进行分块、分段施工作业。站厅盖挖施工采用柱列式挖孔桩（端承桩）作为基坑围护结构及路面系统构件的两端支承传力体系。

铺盖施工前，必须解决江南大道的路面系统问题。我们对两种制式构件，即六四式加强军用梁和日本型钢构件（自带拼装防滑钢板路面系）进行综合比选，选定六四式加强军用梁作为江南西站盖挖施工路面系统的制式构件。

铺盖法施工主要包括 4 大块：

1) 两端支撑结构，即端承桩与帽梁（也是基坑围护结构）施工；

2) 军用梁的拼装架设作业；

3) 军用梁背部处理；

4) 路面系统施工。

基坑围护结构施工在此不再赘述。

据统计施工期间同等条件下车流量为 17、14、23 辆/min，可见，主要影响时段在傍晚且影响程度不大；附近商场的人流及销售额与施工前相当。此外，相对于采用盖挖逆作法施工的大型地下商场施工，铺盖法顺作施工在施工难度、施工工艺上，尤其在桩板交叉部位节点处理、防水处理都有很大的简化，且易操作。

工程实践表明，在今后的类似工程中应该对以下几个方面作进一步研究：

1) 钢板和钢筋为钢性体，而沥青路面为弹性体，为使两者互相耦合应在沥青中再设置一层无机材料抗剪和防滑层；

2) 军用梁间的拼装为销接，作横向连接后，军用梁尚有一个方向的自由度，在车载作用下极易对该部位沥青路面造成破坏，使路况恶化。

7.6　上海轨道交通 7 号线常熟路站工程

7.6.1　工程概况

上海轨道交通 7 号线常熟路站位于上海市最繁华的淮海中路与常熟路交叉口北侧，北段位于常熟路下，南段位于拟拆迁的上海市卫生防疫站内。车站为地下三层岛式结构，站主体为双柱三跨箱形框架结构。车站结构长 155.2m，标准段结构宽 20.8m，站台宽 12m。站台中心处顶板覆土厚度 4.52m，标准段基坑开挖深度约 24.1m，端头井基坑开挖深度约 26m。

常熟路现状道路宽 14m，双向四车道，地面交通十分繁忙。常熟路地下管网密布，车站两侧建筑物密集，近距离有保护建筑 3 处、影响建筑 4 处，其中车站东侧历史保护建筑瑞华公寓距离车站基坑仅 3.6m，车站西侧一幢 6 层民宅距离车站基坑仅 3.3m，车站南端头井离运营中的地铁 1 号线较近，净距为 13.6～18.4m。

7.6.2　应用情况

根据业主提供的由市交警部门确定的车站施工期间地面交通组织要求，在施工期间，常熟路需保留双向四车道通行能力。

常熟路站周围近距离需保护建筑密集，且建筑年代已久，结构条件较差，适应不均匀沉降的能力很差，因此，对基坑变形的要求非常高，且车站南端头井离运营中的地铁 1 号线较近，对 1 号线的保护要求也较高。综合考虑施工速度、变形控制及永久结构的质量，常熟路站主体结构的施工应综合盖挖逆作法与盖挖顺作法的优点，确定采用顶板盖挖顺作的"两明两暗"施工方法，即两层中板逆作，底板、顶板顺作，利用车站结构的楼梯孔及电缆井作为施工期间的吊装孔及出土孔，这样既保证了基坑变形要求，又在一定程度上加快了施工速度，且避免因顶板逆作产生纵向施工缝，从而保证了车站顶板的施工质量。

对于盖挖的临时路面体系，单跨军用梁临时路面体系在深圳及南京地铁中均有应用，而在日本，钢盖板临时路面体系应用得较为成熟。两者的比较见表 7-1。

军用梁临时路面体系与钢盖板临时路面体系比较　　　　　　　　表 7-1

项目	单跨军用梁临时路面体系	钢盖板临时路面体系
出土孔、进料口设置	不方便	钢盖板可以按照需要设置或取消，出土孔、进料孔设置方便
重复使用率	跨度需与基坑宽度匹配，重复使用率较低	钢盖板按一定模数设计，重复使用率高
临时路面体系的挠度	较大	有竖向支撑系统，挠度较小
临时路面体系的维护	桥面变形与挠度大，维护工作量大	桥面变形与挠度小，维护工作量小
临时路面体系的噪声	较大	整体性好，噪声较小

通过两者的比较可看出，钢盖板临时路面体系较有优势，常熟路站采用了该方案。结合交通疏解方案，本站位于常熟路下的范围设置盖板，而位于拟拆迁的上海市卫生防疫站地块内的范围可不设临时盖板。

借鉴日本临时路面体系的成功经验，本工程采用支承在临时立柱及桩上的纵横梁及临时路面板的盖挖路面体系。图 7-9 为临时路面体系横剖面布置。

该工程实践表明：①钢盖板临时路面体系较国内常用的单跨军用梁临时路面体系有其独特的优势，且标准化钢盖板提高了临时路面板使用效率，降低了工程造价；②改进的钢盖板临时路面体系中，采用纵梁作为次梁，混凝土横梁作为主梁兼作首道混凝土支撑，在基坑两侧保护建筑多且距离较近的情况下，对保护环境、减小基坑位移较为有利；③临时路面体系中的临时立柱与永久柱共同布置对结构受力较有利。

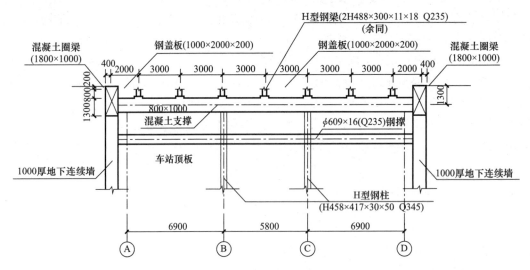

图 7-9　临时路面体系横剖面布置（单位：mm）

7.7　本章小结

本章介绍了国内已建成的具有代表性的 5 个工程案例，从这些案例中不难发现，采用装配式铺盖法修建地铁车站，极大地降低了对市政交通和周边环境的影响，且造价适中，施工速度较快，在国内具有较好的应用前景。同时装配式铺盖法较之使用军用梁，可解决传统盖挖法施工造价高、临时支撑不规范等问题，使铺盖板及临时构件标准化，减少临时构件使用量，并且可降低施工造价，带动地铁车站的标准化设计及安全施工。

本章参考文献

[1]　袁大军，李兴高，孙立．装配式铺盖法施工技术在我国的应用分析［J］．建筑技术，2009，40（6）：558-560.

[2]　张春节．地铁基坑装配式半铺盖法临时中间柱施工质量控制技术研究［J］．建筑技术开发，2020，47（21）：138-139.

[3]　管光麟．地铁车站装配式铺盖体系的力学行为分析与测试研究［D］．石家庄：石家庄铁道大学，2018.

[4]　陶东军．装配式与现浇铺盖对地铁站深基坑变形影响的对比分析［J］．广东土木与建筑，2020，27，333（11）：41-44.

[5]　赵巨川，詹黎明．铺盖法在城市地铁车站施工中的应用［J］．铁道建筑技术，2002（2）：15-16.

[6]　缪仑，罗衍俭．钢盖板临时路面体系在上海地铁 7 号线常熟路站中的应用［J］．现代隧道技术，2008（3）：40-45.